para la

Salud Física y Mental

Otras obras de Ma Yoga Shakti

Yoga Syzygy

Techniques of Meditation

Adhyatma Sandesh: Spiritual Message

Invisible Psychic Lotuses

Simplified Yogaasanas

Shri Satya Narayan Katha

Chandogya Upanishad

Hanuman Chalisa

Yoog Vashishtha

Gheranda Samhita: La Scienza Dello Yoga
«en Italiano»

Yoga

para la

Salud Física y Mental

por

Ma Yoga Shakti

Prólogo - Ilustraciones - Apéndice
por
Miguel Andújar, M.D.

ISBN 0-9653597-8-6

LCCN 96-060898

Diseño de Portada por Bob Kelleher

El yoga es el poder más grande sobre la tierra,
La sabiduría es la mejor amiga,
El egoísmo es el peor enemigo de la humanidad.

Gherand Samhita Cap. I, Verso 4

El doctor Miguel Andújar es una persona de gran espiritualidad, quien ha sido iniciado en la antigua sabiduría del yoga por H. H. Ma Yoga Shakti Saraswati.

Al darse cuenta de la necesidad de un libro auténtico de yoga en el idioma español, el doctor Andújar emprendió la árdua labor de reunir y condensar parte de las enseñanzas de Ma Yoga Shakti. Contando con el permiso de la autora, el escogió el material de *Yoga Syzygy*, *Simplified Yogasanasas*, *Techniques of Meditation*, *Spiritual Messages* y *Psychic Lotuses* para la preparación de este libro y lo tradujo al español. Todas las ilustraciones son obra del doctor Andújar así como también el apéndice. El ha realizado una excelente labor en el campo del yoga, la gran esperanza de la humanidad.

Este libro ha sido dividido en nueve capítulos para dar una visión detallada del yoga. En el primero están descritas cincuenta y seis posturas frecuentemente practicadas, luego sigue una explicación de ejercicios para los ojos. El segundo capítulo da una revisión de veinte ejercicios de respiración seguido en el tercer capítulo por instrucciones de gestos y cerraduras yóguicas y en el cuarto las técnicas de purificación.

El quinto capítulo explica la técnica de relajación y el sexto las etapas de la meditación. El séptimo capítulo responde a la acostumbrada pregunta ¿Que es el Kundalini?. El octavo capítulo ofrece instrucciones para los niños y finalmente se incluye un apéndice acerca de la fisiología del yoga.

Si usted nunca antes ha practicado esta disciplina, o si lo ha hecho por años, en *Yoga para la Salud Física y Mental* encontrará las páutas para lograr el perfecto equilibrio de la salud.

Índice

Capítulo I

Capítulo II

Praanaayaam

Capítulo III

Bandhas

Mudraas

Capítulo IV

Shat Karmas

Capítulo V

Técnica de Relajación

Capítulo VI

Las Etapas de la Meditación

Capítulo VII

¿Que es el Kundalini?

Capítulo VIII

Yoga Para Los Niños

Apéndice

Acerca de la Autora

Maja Mandaleshwar
Ma Yoga Shakti Saraswati

La vida de la reverenda Ma Yoga Shakti es un símbolo de esclarecimiento y de fuerza espiritual para el mundo moderno.

Todo su ser manifiesta el poder de intuicion, magnetismo, santidad y el misticismo nacidos de la disciplina yoga. Su natural dignidad, su naturaleza maternal y su amplitud de criterios revelan las cualidades espirituales más elevadas. Sus enseñanzas representan la manifestación elocuente de la más pura intuición.

Ella es una figura de gran renombre internacional cuya alma ha alcanzado los más altos niveles de evolución espiritual.

Ma Yoga Shakti es una gurú poseedora de una sabiduría abrazadora. Su amor fraternal y su capacidad de compasión se extienden más allá de todas las limitaciones humanas. Ella es la fundadora de Yogashakti Mission, organización que ha sido creada para la divulgación internacional del yoga y para colmar las aspiraciones espirituales de toda la humanidad.

Matayí (como es llamada cariñosamente) nació el 6 de Abril de 1927, en una prestigiosa familia de la ciudad santa de Benares. Al completar sus estudios se recibió de licenciada en ciencias políticas y más tarde fundó un colegio para señoritas en la ciudad de Bijar. Desde muy temprana edad manifestó gran inclinación por estudiar lo desconocido y los aspectos más elevados de la vida. En esta incesante búsqueda inclinó su atención hacia la teosofía.

En el año 1956 ella fundó la logia Annie Besant en Chapra. Luego de un llamado divino ella ha dedicado todas sus energías en favor de la espiritualidad. Es a partir del año 1959 cuando ella se dedica a enseñar yoga. Ma Yoga Shakti ha sido honrada con los títulos «Shakti Sant Shiromani», «Maja Mandaleshwar» y «Maatri Acharya» en los Kumbha Melas de Uyain, Haridwar y Allajabad respectivamente.

Matayí ha fundado sedes de Yogashakti Mission en Bombay, Calcuta, New Delhi, Madras y Haridwar en la India. En Estados Unidos ha establecido centros para la propagación del yoga en New York y en Palm Bay, Florida. Ella ha demostrado la adaptabilidad de esta antigua fuente de sabiduria a la vida moderna. Matayí es educadora, reformadora, filósofa, renunciante y gurú, pero sobre todo ella es una madre amorosa que derrama su gracia y bendiciones sobre todas las almas que se le acercan.

Prólogo

Presentar una guía práctica de yoga y en especial las enseñanzas de Ma Yoga Shakti Saraswati es para mí un gran honor. La traducción del libro ha sido a la vez una tarea de suma responsabilidad, pués al pasar la información a otro idioma no es fácil mantenerse fiel a la idea original. Muchas veces las traducciones difieren de lo que sus autores han querido significar. En este trabajo hemos puesto el mayor cuidado para que los conceptos queden expresados en castellano con la misma pureza y exactitud con que los expone Ma Yoga Shakti.

No es estrictamente necesario leer este libro en orden sucesivo desde la primera página hasta la última. Cada técnica puede ser estudiada individualmente, sin atender a ningún orden establecido. Cada vez que el lector requiera alguna información adicional, puede consultar el capítulo correspondiente sin que la comprensión sea perjudicada.

Hemos insistido en incluir los nombres sánskritos, para que los estudiantes deseosos de profundizar en los aspectos esotéricos del yoga, no se sientan perdidos al consultar otras obras donde estos términos son invariablemente utilizados. La transliteración de cada palabra se ha realizado de acuerdo a la pronunciación castellana más aproximada. En cada lección ofrecemos un nombre equivalente en español para facilitar el aprendizaje.

En *Yoga Para La Salud Física y Mental* Ma Yoga Shakti imparte sus conocimientos de acuerdo con los lineamientos tradicionales pero manteniendo el paralelismo con la ciencia moderna. Ella enfatiza el dato de que la disciplina física es tan beneficiosa para el cuerpo como lo es para la mente, confirmando así el antiguo proverbio latino «Mens Sana en Corpore Sano».

En la actualidad las técnicas de yoga han encontrado exitosamente su aplicación en fisioterapia, obstetricia, cardiología, geriatría y en psicología. En virtud de la experiencia positiva que he tenido al implementar el yoga en la práctica médica, recomiendo a todos este sistema de una manera encarecida.

La realización de este libro ha sido posible gracias a los estímulos de Moksha Priya Shakti, quien asumió la responsabilidad de editarlo y de preparar su formato. Estoy profundamente en deuda con Moksha Priya por su experta colaboración al corregir el estilo literario del manuscrito en inglés y por las largas horas de trabajo en esta obra. Mi gratitud también va dirigida a mi querida esposa Acela por proveer la inspiración y la devoción a Matayí y por modelar para los dibujos de algunas posturas. Dedico una mención especial de agradecimiento a Ma Om Shakti - Josefina Hernández, por habernos brindado la oportunidad de conocer a Ma Yoga Shakti en la santidad de su hogar.

Las gracias a Raj Kumar - David Marshall por sus valiosos consejos y a Swami Sarvadananda Saraswati por permitirnos usar sus fotografías como modelos masculinos para varias ilustraciones. Por último quiero expresar mi reconocimiento a Cecilia Ríos de La Gran Fraternidad Universal, por su dedicación al revisar el manuscrito, por sus atinadas sugerencias y la insuperable corrección del texto en español.

Miguel Andújar, M.D.

Introducción al Yoga

Yoga es una forma de disciplina destinada a lograr la unificación del alma individual o *atma* con el alma universal o *paramatma*. Llegar a conocer el ser interior es como encontrarse con el ser superior o Dios.

De acuerdo con las escrituras antiguas y la tradición oral se distinguen cuatro clases de yoga - *raja*, *guián*, *karma* y *bakti* yoga. Cada variante se practica de acuerdo a las necesidades y temperamentos individuales. *Raja* yoga es para el dominio de la mente y el cuerpo; la disciplina física o hatha yoga es parte del *raja* yoga. *Guián* yoga consiste en la adquisición de conocimientos por medio del estudio. *Karma* yoga es el servicio desinteresado. *Bakti* yoga es el desarrollo de la sabiduría por medio de la devoción. En realidad es escencial practicar los cuatro tipos de yoga.

Originalmente el yoga era practicado por aquellos interesados en conocer la verdad espiritual. Con el trancurrir del tienpo las cualidades terapéuticas del yoga se hicieron evidentes. Lo que una vez fué una ciencia secreta, ahora es propagado por todo el mundo.

En *Los Yoga Sutras*, el *rishi* Patányali estableció los ocho principios del yoga o *ashtanga* yoga: 1. *yama*; 2. *niyama*; 3. *áasana*; 4. *praanaayaam*; 5. *pratyajaar*; 6. *dháaranaa*; 7. *dhyana*; 8. *samaadh*i.

1. *Yama* - Disciplina moral. Consta de cinco códigos de conducta: *satya* - veracidad, *ahimsa* - no violencia, *bramacharya* - continencia, *asteya* - no hurtar, *aparigraja* - desapego.

2. *Niyama* - Disciplina Mental. Consta de cinco cualidades de la conducta: *saucha* - pureza, *santosha* - confor-

midad, *tapas* - austeridad, *swadhaya* - estudio, *eshwar praanidam* - devocion a Dios.

3. *Áasan* - Posturas: Son ejercicios para mantener la flexibilidad y la fuerza corporal como preparación para estados elevados de conciencia.

4. *Praanaayaam* - Ejercicios Respiratorios: Son métodos para oxigenar el cuerpo y tomar la energía práanica o fuerza vital.

5. *Pratyajaar* - Primera etapa de la meditación: Es el aislamiento de la mente de los sentidos.

6. *Dháarana* - Segunda etapa de la meditación: Es la concentración de la mente en un objeto o una sola idea.

7. *Dhyana* - Tercera etapa de la meditación: Es cuando la mente se fija de manera continua y prolongada en el objeto o idea.

8. *Samaadhi* - Autorealización: Es el estado final de la meditación, cuando ya se ha logrado el control de la mente.

Por medio de la práctica de yoga se logra la evolución multidimensional de la persona. Ciertas facultades latentes pueden ser despertadas preparando así la capacidad de vencer los obstáculos de la vida. Por esta razón el sabio Gherand proclamó que «el yoga es el poder más grande sobre la tierra».

Oración Universal de la Paz

Oh Dios, Deja que tu mano nos señale el camino
        de lo irreal a lo real;
        de las tinieblas a la luz;
        de la muerte a la inmortalidad.

Permite que seamos felices.
Que todos tengamos paz.
        Que seamos cultos e iluminados.
        Que logremos la perfección.

Deja que se establezca la paz en los tres cuerpos del hombre.
Que se establezca la paz en los tres mundos.
        Que se establezca la paz en todas partes.

Deja que la verdad sea nuestra Religión.
Que el servicio sea nuestra Misión.
Que el mundo sea nuestra Familia.
        Deja que la sabiduría sea nuestro Aliento.
        Que el Yoga y la Meditación sean nuestros Caminos.

Deja que nuestros ojos vean cosas agradables y nobles.
Que nuestros oidos escuchen palabras joviales y verdaderas.
        Que nuestros labios sean dulces y honestos.
        Que nuestros cuerpos sean instrumentos divinos.

Deja que pensamientos nobles
Nos lleguen desde todo el universo.
        Que nunca abandonemos a Dios.
        Que Dios nunca nos abandone.

Om, paz y amor.
Om, paz y salud.
Om, paz e iluminación.

Capítulo I

Hatha Yoga Áasanas

Introducción a las Áasanas de Yoga

La palabra sánskrita *áasan* significa «postura del cuerpo». Este término se refiere a las diferentes posturas que deben ser sostenidas un cierto tiempo con el propósito de promover el desarrollo integral del cuerpo y de la mente.

La cantidad total de *áasanas* es inconmensurable si se toma en consideración todas las variaciones posibles de una postura básica. De acuerdo con la mitología hindú las *áasanas* fueron creadas por Shiva y suman un total de 8,400,000. En un antiguo tratado de yoga, el *Shiva Samjita* solamente se mencionan 84 *áasanas* y en el *Gherand Samjita* solo 32 posturas se describen en detalle.

No todas las *áasanas* pueden ser practicadas por todo el mundo. Algunas posturas son demasiado complicadas e innecesarias, estas solo pueden ser ejecutadas por personas que sean genéticamente muy flexibles.

El nombre de las *áasanas* es dado en sánskrito y en cada caso el nombre se refiere al animal, planta, objeto, deidad o algún yogui famoso. Por ejemplo: *matsyáasan* o pez, *vrikshdáasan* o el árbol, *haláasan* o el arado, *vishnú áasan* por la deidad Vishnú, *matsyendraasan* por el yogui Matsyendra.

De acuerdo con la posición y el movimiento de las vértebras durante las *áasanas*, la columna vertebral adopta los movimientos señalados a continuación:

Flexión: Doblar el cuerpo hacia adelante (*paschiottanáasan*). Extensión: Doblar el cuerpo hacia atrás *(ushtráasan)*. Flexión Lateral: Doblar el cuerpo hacia los lados *(trikonáasan)*. Torsión: La rotación de la columna en su eje vertical *(matsyendráasan)*.

Cada postura tiene una contrapostura equivalente. Los músculos que son contraidos en una postura son los que se relajan en la postura opuesta. De la misma manera, los órganos internos son comprimidos de una manera alternada. Ver *surya namaskar*.

Antes de iniciar la sesión de yoga es prudente practicar algunos ejercicios de calentamiento. Así se flexibilizan las articulaciones y se preparan los músculos para la actividad. Todas las *áasanas* tienen una fase dinámica que es cuando se ejecutan los movimientos para asumir o deshacer una postura. Durante la fase estática, la postura se sostiene contrayendo solamente los músculos necesarios para mantenerla. Todos los demás músculos son intencionalmente relajados. La duración de la fase estática depende del estilo, los propósitos y la tolerancia de la persona. La duración de la fase estática puede medirse contando un número predeterminado de respiraciones.

Como Practicar las Áasanas

Instrucciones Generales:

Las *áasanas* deben practicarse al aire libre. De no ser esto posible, se puede usar una habitación bien ventilada.

1. La hora: La mejor hora de practicar yoga es por la mañana luego de vaciar la vejiga y los intestinos y antes del desayuno.
   Después de un sueño reparador la mente está mejor preparada para la meditación. Si no es posible practicar yoga por la mañana, cualquier hora es buena si el abdómen está vacío. Esto facilita los ejercicios y el *praanaayaam.*
2. La ropa: Es aconsejable usar ropa bien ligera y quitarse las prendas, cinturones y zapatos.
3. El maestro: Es mejor aprender de un maestro. Los libros proveen orientación y registro permanente de la información. Un maestro puede enseñar aspectos no escritos, además siempre puede corregir la técnica deficiente.
4. Aasanas: Seleccione un grupo de *áasanas*. Practique cada ejercicio por lo menos por dos minutos y relájese en el intervalo entre dos *áasanas*.
5. Movimientos: Mantenga la suavidad y la gracia de los movimientos evitando las sacudidas.
6. Respiración: Respire suave y completamente durante la ejecución de cada *áasan*. Recuerde siempre inhalar cada vez que el cuerpo se eleva y exhalar cada vez que el cuerpo desciende y también en cada flexión.
7. La mesura: Nunca trate de ejecutar un movimiento más allá de su capacidad. Haga uso del sentido

común. Aquellas posturas que usted no pueda adoptar completamente, derivan el mismo beneficio si se practican hasta el punto que su cuerpo le permita.

8. Concentración: Para mejor concentración mantenga los ojos cerrados. Es importante concentrar la atención en la parte del cuerpo a la cual está dirigido el efecto de la postura.

9. Dieta: Para la práctica sincera del yoga y para una buena salud se recomienda la dieta *sátvica*. Este tipo de dieta es fundamentalmente vegetariana, moderada y libre de aditivos.

10. Praanaayaam: Practique dos o tres variedades de *praanaayaam* por lo menos por cinco minutos en cada sesión.

La práctica regular conduce a la perfección. Los requisitos indispensables son la sinceridad, la paciencia y la perseverancia.

1. Surya Namaskar - El Saludo al Sol

Doce Posturas

Surya Namaskar o El Saludo al Sol es la serie más completa de posturas de yoga. Esta rutina de ejercicios se puede realizar en unos pocos minutos y es una buena serie de calentamiento como preparación antes de las *áasanas*. Para su práctica solo se necesita un pequeño espacio de solamente tres por ocho pies. Asegúrese de tener suficiente espacio para tenderse en el piso, y suficiente espacio sobre su cabeza para extender los brazos.

La serie *surya namaskar* consiste de doce posturas practicadas en secuencia continua y sincronizadas con la respiración. Cada postura equilibra los efectos de la postura precedente produciendo un balance entre las flexiones y las extensiones. Las doce posturas se describen a continuación:

1. *Namaskar* - saludo. Párese derecho con los pies juntos. Una las manos por sus palmas en el centro del pecho al estilo de los hindues e inhale. Luego exhale mientras mueve las manos juntas hacia abajo enderezando los brazos hasta que los codos toquen los flancos. Esta postura erecta es también conocida con el nombre de *tadáasan*.

2. *Chandráasan* - cuarto creciente. Inhale y eleve los brazos por encima de la cabeza al mismo tiempo que arquea la espalda hacia atrás y mueve la pélvis hacia el frente. Siga el movimiento de las manos con sus ojos a la vez que relaja el cuello.

3. *Hastapadáasan* - flexión anterior. Mientras exhala doble el tronco por la cintura hacia adelante y coloque las manos en el suelo. Deje caer la cabeza suavemente con el cuello relajado.

4. *Surya darshán* - contemplación del Sol. Inhale a la vez que desplaza el peso de su cuerpo sobre las manos y extienda la pierna derecha hacia atrás haciéndola descansar en los dedos del pie. Descanse la rodilla derecha en el suelo y doble la columna hacia atrás. Levante la cabeza hacia arriba y atrás y dirija la mirada hacia arriba. El pie izquierdo permanece entre las dos manos.

5. *Himalayáasan* - la montaña. Exhale y rápidamente extienda la pierna izquierda hacia atrás alineandola con la derecha. Eleve los glúteos hacia arriba como una montaña. Empuje los talones hacia el suelo y mueva la cabeza

hacia abajo colocándola entre los brazos para mirar a sus pies.

6. *Sashtang dandáat* - reverencia. Coloque las rodillas, el pecho y el mentón en el suelo. Sashtang significa las ocho partes del cuerpo que están en contacto con el suelo. *Dandáat* quiere decir rendir tributo. Asegúrese de que las caderas estén un poco levantadas. Inhale y exhale en esta posición. Mantenga los pies juntos.

7. *Bhuyangáasan* - la cobra. Baje la pélvis y el abdómen al suelo. Lentamente levante la cabeza arqueando el cuello y luego la columna torácica para elevar el tórax. Dirija la mirada completamente hacia arriba. Mantenga las piernas juntas, los codos próximos al cuerpo y los hombros relajados.

8. *Himalayáasan* - Exhale y mueva los dedos de los pies hacia adelante para apoyar el peso en la parte anterior de las plantas. Eleve la pélvis y apoye los talones como en la postura número cinco.

9. *Surya darshán* - Inhale y mueva el pie izquierdo hacia adelante como en la postura número cuatro.

10. *Hastapadáasan* - Exhale y traiga el pie drecho hacia adelante para asumir la postura número tres.

11. *Chandráasan* - Inhale y estírese en la postura erecta con los brazos extendidos hacia arriba. Doble el cuerpo hacia atrás como en la postura número dos.

12. *Namaskar* - Exhale y párese derecho juntando las manos en el centro del pecho en *namaskar* como en la postura número uno.

Estos doce ejercicios representan una vuelta de *surya namaskar*. En la segunda vuelta estire la pierna izquierda hacia atrás en *surya darshán*. Es conveniente practicar las vueltas en números pares como 2-4-6-8-10 ó 12 vueltas cada día. Cada vez que se completa una vuelta usted debe encontrarse de pie en el mismo lugar que al principo del ejercicio. Las manos deben ocupar exactamente el mismo punto de contacto con el suelo en todo momento.

Una persona normal debe ejecutar un mínimo de 12 a 16 vueltas de *surya namaskar* cada día. Los principiantes deben comenzar con 2 vueltas en la primera semana, 4 vueltas en la segunda semana, y gradualmente aumentar en números pares. *Surya namaskar* puede ser practicada lentamente, o si se desea, se puede practicar de una manera rápida para aumentar la agilidad y la resistencia.

Opcionalmente aquellos interesados en la disciplina mental pueden combinar las doce posturas con los doce mantras del Sol:

1. *Om mitrayá namáh* (Om, mi gran amigo, yo te saludo) 2. *Om ravayé namáh* (Om, sol radiante, yo te saludo) 3. *Om suryaayá namáh* (Om, tú que me das inspiración, yo te saludo) 4. *Om bhaanavéh namáh* (Om, tú que me ilumnas, yo te saludo) 5. *Om khagaayá namáh* (Om, viajero del espacio, yo te saludo) 6. *Om pushiné namáh* (Om, tú que me das fortaleza, yo te saludo) 7. *Om hirayagarbaayá namáh* (Om, símbolo del origen de la vida, yo te saludo) 8. *Om marichayé namáh* (Om, señor del crepúsculo, yo te saludo) 9. *Om savitrea namáh* (Om, tú que vivificas todo, yo te saludo) 10. *Om arkayá namáh* (Om, merecedor de reverencias, yo te saludo) 11. *Om aadiyayá namáh* (Om, tú que llevas el nombre de la madre celestial, yo te saludo) 12. *Om bhaaskarayá namáh* (Om, tú que me conduces hacia la iluminación, yo te saludo)

La secuencia de posturas de *surya namaskar* es muy científica, pues equilibra los circuitos del cuerpo de una manera eficiente.

2. Adhisthanáasan - La Sentadilla

Técnica: Párese derecho con los pies ligeramente separados. Eleve el cuerpo en la punta de los pies, a la vez que levanta los brazos por encima de la cabeza. Lentamente baje el cuerpo en una sentadilla mientras equilibra su cuerpo en la punta de los pies. Mientras desciende, baje los brazos a los lados del cuerpo. Baje lo más que pueda. Recuerde inhalar al iniciar el ejercicio, luego exhale al bajar el cuerpo e inhale al regresar a la postura erecta.

Si en lugar de bajar completamente usted detiene el cuerpo en una media sentadilla y extiende los brazos paralelos en el frente de usted, esta postura es conocida con el nombre de *utkatáasan* o la silla.

Beneficios: Se fortifican las piernas, la columna y el abdómen. Todo el cuerpo recibe un buen estiramiento y alivian los nervios comprimidos. Estas dos *áasanas* son conocidas también como las posturas del celibato por su efecto favorable en las gónadas.

3. Trikonáasan - El Triángulo

Técnica: Párese derecho con las piernas separadas aproximadamente 3 o 4 pies. Extienda los brazos en cruz a la altura de los hombros con las palmas hacia arriba. Gire el pie derecho hacia la derecha. Inhale y doble el tronco lateralmente hacia la derecha mientras exhala. Mantenga la pelvis dirigida hacia el frente. Con la mano derecha toque el pie derecho, si puede, toque el piso. Mantenga las piernas y los brazos rectos. Mantenga su brazo izquierdo vertical dirigido hacia el techo y gire la cabeza hacia arriba para mirar su mano izquierda.

Mantenga la postura en la fase estática por unas cuantas respiraciones y luego regrese a la postura erecta con los brazos extendidos lateralmente y las piernas separadas. Repeta los movimientos del lado izquierdo.

Variación: Párese con las piernas separadas aproximadamente unos tres pies. Extienda los brazos lateralmente con las palmas hacia abajo. Mantenga sus pies paralelos hacia el frente. Flexione el cuerpo por la cintura y toque el pie izquierdo con la mano derecha mientras la mano izquierda permanece extendida hacia arriba. La cabeza debe permanecer en el plano horizontal sin mirar ni hacia arriba ni hacia abajo.

Beneficios: La *trikonáasan* promueve la flexibilidad lateral de la columna. Esta postura tonifica la columna vertebral, la médula espinal y el sistema nervioso autónomo. De la misma forma todas las vísceras abdominales son estimuladas.

4. Parsvotanáasan - Estiramiento Lateral

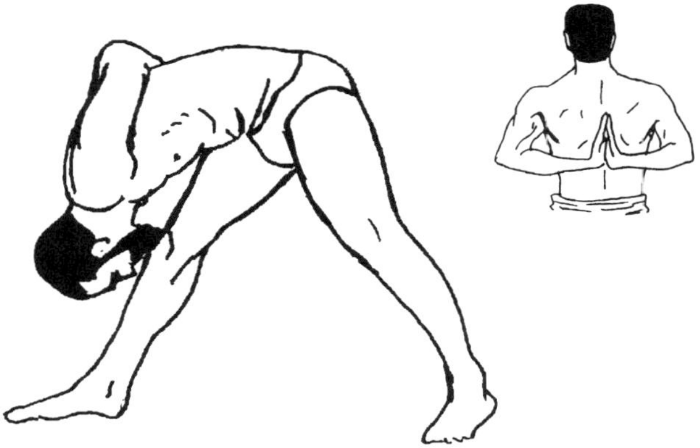

Técnica: Párese derecho con las piernas separadas a una distancia de aproximadamente tres pies. Coloque sus manos en *namaskar* en la espalda con los dedos apuntando hacia arriba. Tome una inhalación profunda y gire el cuerpo hacia la derecha a la vez que gira el pie derecho 90° a la derecha. Ahora exhale y flexione el tórax hacia la rodilla derecha. Sostenga la postura y estire su cuerpo para tratar de tocar la rodilla con su barbilla. Ahora respire normalmente mientras sostiene la postura. Lentamente levante el tórax mirando hacia la derecha. Gire el cuerpo hacia la izquierda a la vez que gira los pies, el derecho hacia el frente y el izquierdo 90° hacia la izquierda. Repita del lado izquierdo. Si le resulta difícil colocar las manos en *namaskar*, puede hacer un puño con una mano y con la otra mano agarrar la muñeca.

Beneficios: Se flexibilizan las caderas, las piernas, los brazos y los hombros. Este es un buen ejercicio para expandir el tórax y mejorar la capacidad respiratoria. La columna se flexibiliza por la combinación de flexión y extensión.

5. Vimanáasan - El Avión

Técnica: A partir de la posición erecta incline el tórax hacia adelante flexionando las caderas. Al mismo tiempo eleve la pierna derecha hacia atrás, extienda los brazos hacia los lados y dirija la mirada hacia arriba. Mantenga las extremidadades y su espalda en línea recta.

Variación: Al elevar la pierna extienda los brazos hacia el frente formando una letra «T». Cambie la pierna y repita el ejercicio.

Beneficios: La *vimanáasan* es un ejercicio excelente para estirar la columna y estimular los nervios espinales. Esta postura mejora el equilibrio, la concentración y la firmeza de la mente y del cuerpo.

6. Vrikshásasan - El Árbol

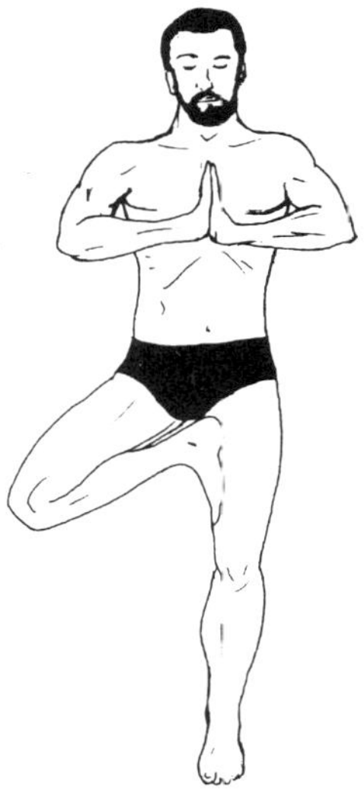

Técnica: Levante la pierna derecha y coloque el pie derecho en la ingle izquierda como en medio loto. Mantenga la pierna izquierda recta con las rodillas firmes. Eleve los brazos por encima de la cabeza y junte las palmas de las manos en *namaskar* con los codos apuntando hacia afuera. Fije la mirada en un punto para mantener el balance. Después de mantener la postura unos minutos cambie las piernas y repita la postura.

Variación: Coloque la planta del pie contra la parte interior del muslo izquierdo cerca de los genitales. Las manos pueden ser colocadas en *namaskar* en el centro del pecho.

Beneficios: La *vrikshásasan* es buena para mejorar el sentido del equilibrio y el poder de concentración. El esfuerzo necesario para mantener el cuerpo erecto fortifica la columna y las piernas.

7. Garudáasan - El Águila

Técnica: Párese en la pierna izquierda. Doble la rodilla derecha y pase la pierna alrededor de la pierna izquierda de tal manera que el empeine del pie derecho descanse sobre la pantorrilla de la pierna izquierda. Coloque las manos con los dedos entrelazados sobre la rodilla derecha.

A la postura del águila también se le llama la postura enredada por el aspecto enredado de las extremidades. En algunos textos esta postura es llamada *sankatáasan*. En el *Gherand Samjita*, *garudáasan* es una postura sentada y también a veces se le llama la mariposa.

Variación: Rodeé el brazo derecho con el brazo izquierdo tratando de pasar el antebrazo derecho por detrás del izquierdo y coloque las manos en *namaskar*. Cambie la posisión de las extremidades y repita la postura.

Beneficios: La *garudáasan* mejora la concentración y el sentido del equilibrio. Esta postura flexibiliza los hombros, los brazos las muñecas, las rodillas y los tobillos. La ejecución de la postura enredada requiere cierto grado de esfuerzo que fortifica las extremidades y los músculos abdominales.

8. Ushtráasan - El Camello.

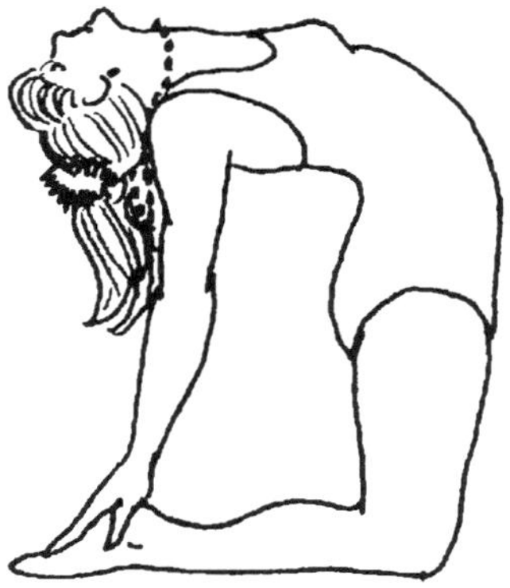

Técnica: A partir de la posición de rodillas incline la espalda hacia atrás y coloque sus manos sobre sus talones. Eleve el pecho y extienda su cuello para permitir que su cabeza cuelgue hacia atrás lo más posible. Permanezca en esta postura de treinta segundos a un minuto.

Los principiantes pueden apoyar solamente una mano mientras la otra permanece extendida por encima de la cabeza. Repita la postura cambiando los brazos.

Beneficios: La columna vertebral se flexibiliza con la práctica de la *ushtráasan*, la cual tiene un efecto curativo en la ciática y en las artritides. La glándula tiroides también recibe un efecto benéfico. Los órganos pelvianos se tonifican y por lo tanto el efecto terapéutico se manifiesta en el útero, en las trompas, la vejiga y en los intestinos. La postura del camello es un buen substituto de *supta vajráasan* y *uttan mandukáasan* para aquellas personas que no puedan ejecutar estas posturas.

9. Bidhaaláasan - El Gato

Técnica: Inicie el ejercicio a partir de la posición de «en cuatro». Mantenga los brazos separados a la misma amplitud de los hombros y la columna recta y paralela al piso. Tome una inhalación profunda arqueando la espalda hacia abajo y levante la cabeza. Sostenga la postura unos pocos segundos. Ahora exhale lentamente arqueando la espalda hacia arriba, mueva la pelvis hacia adelante y baje la cabeza. Tire del abdomen hacia la columna mientras completa la exhalación. Estos movimientos son similares al estiramiento de los gatos.

Beneficios: Este ejercicio es adecuado para enseñar la respiración diafragmática. Tiene un efecto refrescante en el sistema nervioso y en la columna vertebral. *Bidaláasan* también estimula la circulación y mejora el estreñimiento. La postura del gato es un ejercicio excelente para las embarazadas en preparación para el parto.

10. Vyaghráasan - El Tigre

Técnica: Adopte la posición «en cuatro» como en la postura del gato. Inhale y luego exhale y levante la rodilla izquierda hacia el frente. Baje la cabeza y trate de tocar la rodilla con la frente. Ahora inhale, levante la cabeza y extienda la pierna izquierda hacia atrás, elevándola lo más posible. Sostenga la postura unos segundos. Baje la pierna doblando la rodilla y sin tocar el suelo muévala hacia el frente tratando de tocar la frente. Ejecute estos movimientos tres veces y repítalos con la pierna derecha.

Beneficios: Toda la columna vertebral es vigorizada, se flexibilizan las caderas y se fortifican los glúteos y los músculos de las piernas. La postura del tigre es un buen ejercicio para mejorar la concentración y la coordinación.

11. Mayuráasan - El Pavo Real

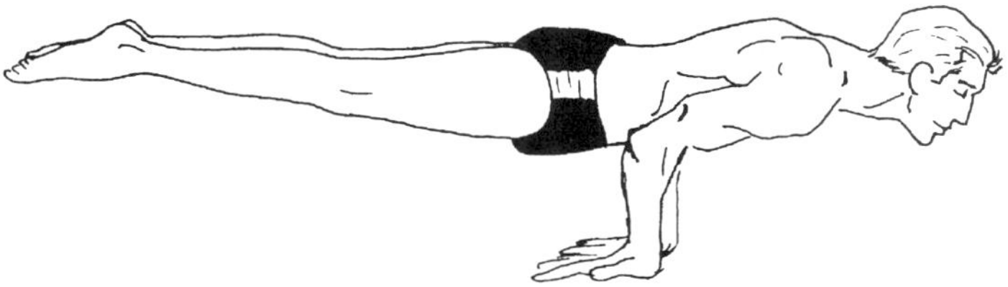

Técnica: Arrodíllese y coloque las manos en el suelo con los dedos dirigidos hacia atrás y los codos en la región del ombligo. Lentamente desplace el peso del cuerpo sobre los codos y al mismo tiempo extienda las piernas hacia atrás. Hasta este punto mantenga los pies en el suelo para soportar el cuerpo. Ahora lentamente levante las piernas y la cabeza al mismo tiempo. El cuerpo debe ahora estar horizontalmente en el aire apoyado sobre los codos.

Beneficios: La *mayuráasan* ejerce presión en el abdómen y aumenta la circulación en esa zona favoreciendo la digestión. Los brazos y las piernas se fortifican al igual que la musculatura de la espalda. Aquellas personas que tengan hernias o que hayan tenido cirugía abdominal reciente no deben intentar esta postura. La *mayuráasan* puede ser ejecutada en *padmáasan* y en este caso se le llama *padma mayuráasan*.

12. Bakáasan - El Cuervo

Esta *áasan* a primera vista parece difícil, pero en realidad es fácil, una vez que se conoce la técnica de su ejecución.

Técnica: Inicie el ejercicio desde la posición agachado, manteniendo las rodillas separadas y el tronco levantado. Coloque las manos firmemente en el suelo frente a usted con los codos ligeramente flexionados y los dedos extendidos. Coloque cada una de sus rodillas sobre el codo correspondiente e inclínese hacia adelante. Evite saltar sobre los brazos. Extienda su cuello, levante la cabeza y las piernas y equilibre su cuerpo sobre sus brazos. Sostenga la postura por unos pocos segundos y luego deshaga la postura y relájese.

Beneficios: La *bakáasan* o postura del cuervo fortifica las muñecas, los brazos y los hombros. Esta postura también mejora el sentido del equilibrio y la concentración.

13. Shashankáasan - La Liebre

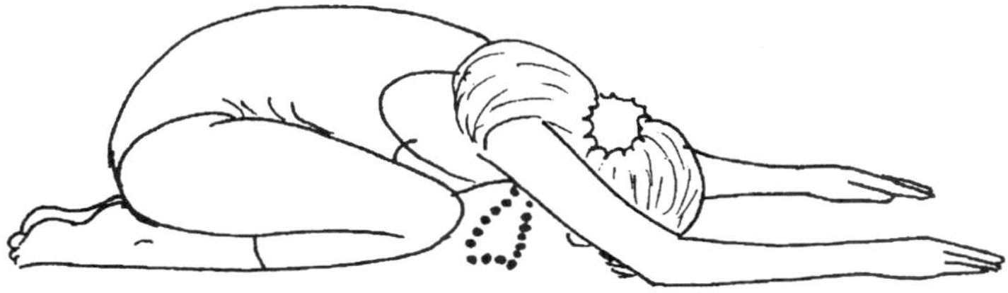

La Liebre es muy parecida a la postura salaam de los devotos del islam.

Técnica: Siéntese en *vajráasan*. Tome una inhalación profunda y levante los brazos lateralmente hasta que sus manos se junten por encima de la cabeza y con las palmas hacia el frente. Flexione su cuerpo por las caderas e inclínese hacia adelante hasta tocar el suelo con la frente. Baje los brazos conjuntamente con el cuerpo hasta que las palmas descansen en el suelo. Los glúteos deben permanecer en contacto con los talones. Mantenga la postura por unas cuantas respiraciones, luego con una inhalación regrese a la posisión sentado con los brazos extendidos por encima de la cabeza. Luego baje los brazos lateralmente hasta que las manos descansen sobre los muslos.

Beneficios: La *shashankáasan* es una postura excelente para relajarse después de haber doblado la columna hacia atrás o después de haber practicado *shirsháasan*. Se flexibilizan los brazos, la columna y el cuello. La compresión abdominal facilita la digestión y alivia el estreñimiento. La circulación también mejora y se produce un efecto relajante del sistema nervioso.

14. Vajráasan - El Rayo

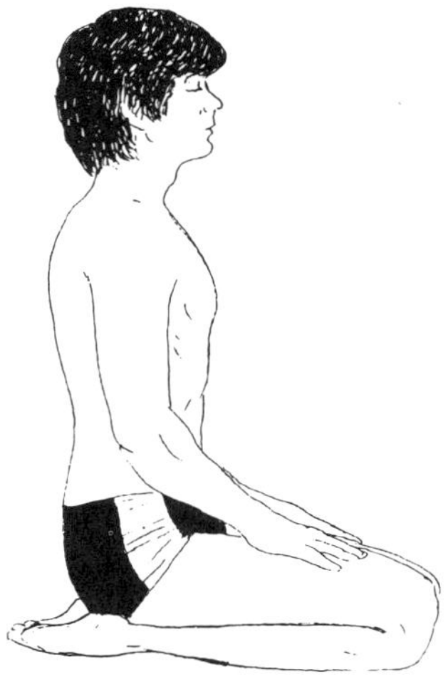

Esta es una de las posturas favoritas de los japoneses y es una de la más útiles de *hatha yoga.* La palabra *vajra* es el nombre de un arma hecha de una piedra de gran densidad, es por esta razón que a esta postura se le conozca también con el nombre de«la roca» o el diamante. Como la palabra *vajra* sugiere la idea de energía y poder también es comúnmente conocida con el nombre de «el rayo».

Técnica: Siéntese sobre los talones apoyando el empeine de ambos pies en el suelo y las plantas de los pies volteadas hacia arriba. Mantenga las rodillas juntas, la columna erecta y coloque las manos sobre los muslos.

Beneficios: Esta es una postura que puede ser ejecutada inmediatamente después de una comida, pués estimula la digestión. Es muy buena para mejorar la rigidez de las rodillas y los talones. *Vajráasan* es excelente para la prevención de la ciática y las mialgias de los muslos y es una de las mejores posturas para la meditación.

15. Bhadráasan - El Caballero

Técnica: Siéntese entre los talones colocando los glúteos directamente en el suelo. Dirija las manos hacia atrás y agarre los dedos de los pies. Ejecute el *yalandhar bandh* y dirija la mirada hacia la punta de la nariz.

Esta postura es conocida jocosamente con el nombre del caballero debido a que para la mayoría de los hombres es difícil sentarse entre los talones. A veces se le llama la postura pélvica debido a que la pélvis se coloca directamente en el suelo entre los dos pies.

Beneficios: Esta es una variante de la *vajráasan* y deriva los mismos beneficios. Su práctica continuada provee un estiramiento adicional de las rodillas y los talones favoreciendo así su flexibilidad.

16. Supta Vajráasan - La Postura Supina

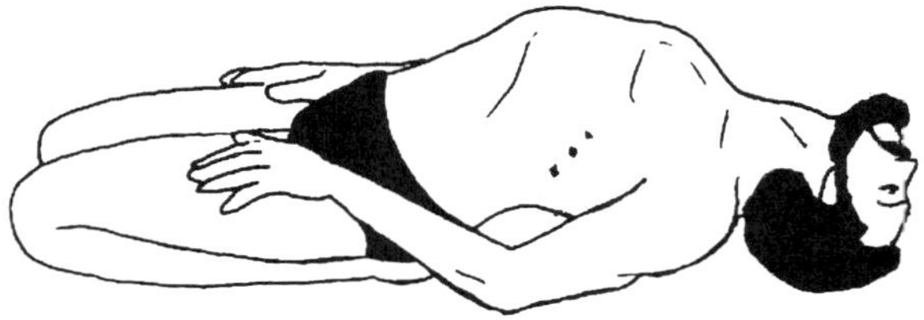

Técnica: Inicie el ejercicio a partir de *vajráasan*, lentamente inclínese hacia atrás sosteniéndose con los codos hasta que su cabeza toque el suelo. Luego manteniendo la espalda bien arqueada soporte el peso del cuerpo sobre la parte superior de la cabeza. Los brazos pueden colocarse doblados detrás de la cabeza, o con las manos sobre los muslos o sencillamente relajados sobre el suelo en ambos lados de las caderas. Respire suavemente y sostenga la postura de uno a dos minutos.

Beneficios: La *supta vajráasan* es una *áasan* sorprendentemente regeneradora que produce efectos maravillosos en las glándulas y en los nervios. Se benefician la pituitaria, la pineal, la tiroides, las adrenales y las gónadas. Esta postura flexibiliza la columna y estira los músculos de los muslos y el abdómen. Como postura complementaria de la *vajráasan* beneficia grandemente las rodillas y los tobillos.

17. Uttan Mandukáasan - La Rana Volteada

Esta postura se parece a la *vajráasan* con la excepción de que las rodillas se mantienen separadas, mientras que en *vajráasan* las rodillas permanecen juntas.

Técnica: Primero siéntese en *mandukáasan*. Proceda ahora a recostarse en su espalda arqueando la columna vertebral y el cuello, de manera que su cabeza se apoye en la coronilla formando un arco con su cuerpo. Dirija la mirada hacia atrás lo más lejos que pueda. Las manos pueden colocarse alrededor de la cabeza o pueden juntarse por sus palmas en *namaskar* sobre su pecho.

Beneficios: La *uttan mandukáasan* tiene los mismos beneficios que *vajráasan*. La separación de las rodillas le dá un estiramiento adicional al los músculos psoas e ilíacos, es decir, los músculos de las caderas.

18. Viráasan - El Héroe

La palabra *viráasan* significa la postura del héroe. Este término alude al hecho de que los soldados de la Antigüedad descansaban en esta postura mientras permanecian alertas. En la iconografía hindú, la deidad Hanuman es frecuentemente representado en esta postura.

Técnica: A partir de la posición de pies, dé un paso amplio al frente con el pie izquierdo y baje su cuerpo para sentarse sobre el talón derecho como en *vajráasan*. Coloque el pie izquierdo al lado de la rodilla derecha de manera que el muslo izquierdo quede junto al abdómen. Ponga el codo izquierdo sobre la rodilla izquierda y apoye la barbilla sobre la mano izquierda. Coloque la mano derecha sobre el muslo derecho. Las manos también pueden ser colocadas en el centro del pecho en *namaskar*. Luego de sostener la postura, regrese a la posición de pie y repita con el lado opuesto del cuerpo.

Beneficios: Al igual que *vajráasan*, el héroe flexibiliza las caderas, las rodillas y los tobillos y también facilita la digestión. La *viráasan* también tonifica la columna vertebral y el sistema nervioso central.

19. Simjáasan - El León

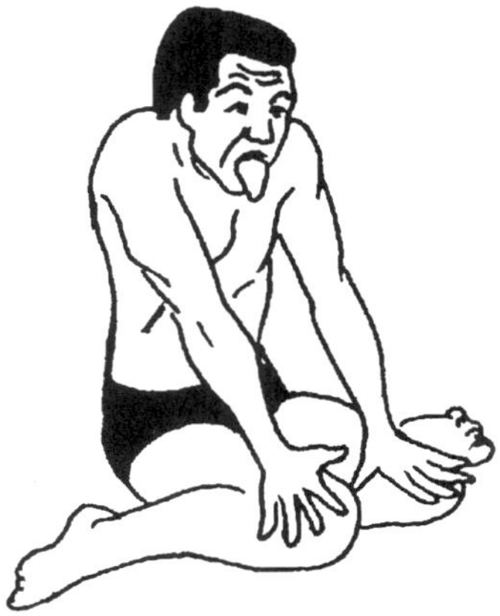

Técnica: Siéntese entre los talones con las rodillas juntas y los pies separados hacia afuera. Coloque las manos sobre ambas rodillas manteniendo los brazos rectos. Ejecute el *yalandhar bandh* y dirija la mirada hacia la punta de la nariz. Ahora abra la boca lo más posible y proyecte la lengua hacia afuera, acompañado de una exhalación forzada produciendo el sonido «*A-A-A-A-A*». A la misma vez extienda los dedos, tensando la cara y la garganta. Luego abra los ojos y mire al entrecejo. Luego de completar la exhalación mantenga la postura unos segundos. Gradualmente relájese a medida que toma una nueva inhalación.

Beneficios: Este es uno de los mejores ejercicios para la laringe, cuerdas vocales, amígdalas, pulmones, músculos maxilares y los oidos. También ayuda a mejorar el tartamudeo y en la prevención de los catarros. *Simjáasan* le dá flexibilidad a las rodillas y a los tobillos.

20. Gomukháasan - La Cabeza de Vaca

Esta postura es conocida en el idioma sánskrito como *gomukháasan* debido a que el cuerpo del yogui visto por detrás se parece a la cabeza de una vaca.

Técnica: A partir de la posición sentado cruce la pierna derecha por encima de la izquierda de manera que el pie derecho quede al lado de la cadera izquierda. De la misma forma cruce la pierna izquierda por debajo de la derecha. En esta primera etapa la postura recibe el nombre de *muktáasan* o postura de la libertad.

Ahora pase el brazo izquierdo por detrás de la cabeza tratando de alcanzar el centro de la espalda. Doble el brazo derecho hacia atrás y arriba para agarrar la mano izquierda. Cuando las dos manos están enganchadas la postura adquiere el nombre de *gomukháasan*.

Beneficios: *Gomukháasan* tiene grandes efectos terapéuticos en los músculos del cuello, de los hombros, de los brazos y de las piernas. La columna vertebral y la médula espinal se tonifican y se producen beneficios en las condiciones nerviosas.

21. Sukháasan - La Postura Fácil

La *sukháasan* sencillamente consiste en una postura sentada con las piernas cruzadas. Algunos yoguis la llaman *guptáasan* o la postura oculta debido a que los pies se esconden debajo de los muslos. Esta es una de las posturas más fáciles y por tanto puede ser practicada por todas las personas.

Ténica: Siéntese con las piernas cruzadas y mantenga la columna vertebral bien recta. Coloque las manos sobre las rodillas. Trate de pegar las rodillas al suelo, esto ayuda a que la columna se mantenga recta.

Beneficios: *Sukháasan* tiene beneficios similares a todas las posturas sedentes pero menos intensos. Esta es una postura ideal para todos los principiantes antes de intentar posturas más difíciles.

22. Ardha-Matsyendráasan - La Torsión

Matsyendranath fué un yogui famoso a quien se atribuye la invención de esta *áasan*. A esta postura también se le conoce con el nombre de «La postura del rey de los peces ».

Técnica: Primero siéntese en *vrisháasan* o postura de «El Toro» con talón izquierdo debajo del ano y la pierna derecha doblada hacia afuera. Mahatma Gandhi acostumbraba a sentarse de esta manera para hilar con su rueca.

Cruce el muslo derecho por encima del izquierdo y coloque el pie derecho en el suelo al lado de la rodilla izquierda. Gire el tronco hacia la derecha manteniendo la columna erecta. Extienda su brazo izquierdo hacia abajo por fuera de la pierna derecha y agarre su pie derecho. Continúe girando hacia la derecha y mire atrás y pase el brazo derecho por la espalda hasta llevar la mano dercha hasta el flanco izquierdo. Respire normalmente mientras sostiene la postura. Luego repita del lado opuesto.

23. Matsyendráasan - La Torsión Completa

La torsión completa o *purna matsyendráasan* es una postura difícil de ejecutar y solo puede hacerse después que se ha logrado el dominio de la postura del loto.

Técnica: Coloque el pie izquierdo sobre el muslo derecho próximo a la ingle como en la *padmáasan* y proceda a ejecutar la *matsyendráasan* como se describió anteriormente. El pie izquierdo produce presión en el abdómen. Al cruzar la pierna derecha sobre la izquierda en medio loto para luego ejecutar la torsión se produce una rotación adicional de la columna, razón por la cual se le denomina a esta postura la torsión completa.

Beneficios: El movimiento rotatorio de este ejercicio tonifica las vísceras abdominales, mejora los procesos digestivos, fortifica la columna vertebral y estimula el sistema nervioso autónomo.

24. Padmáasan - La Postura del Loto

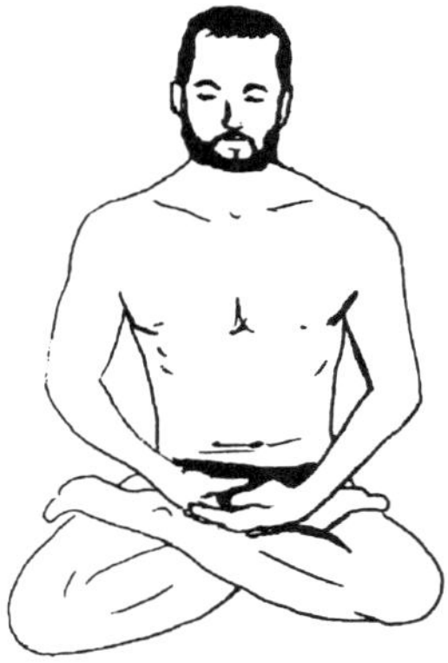

A la *padmáasan* se le llama también *kamaláasan* o postura del loto porque representa la pureza y la autoconfianza, es decir el balance perfecto de una flor de loto que flota en un estanque. Es la postura típica de la meditación. Cuando se adopta la *padmáasan* el cuerpo humano se encuentra en equilibrio armónico. La columna se fija en una posisión erecta y las corrientes positivas y negativas fluyen simétricamente, lo cual produce una sensación de paz espiritual.

Técnica: Al sentarse cruce las piernas y coloque el pie izquierdo sobre el muslo derecho y el pie derecho sobre el muslo izquierdo. Los talones deben colocarse lo más cerca del cuerpo que sea posible y las rodillas deben descansar sobre el suelo. Mantenga la columna erecta y con las manos adopte el *guián mudraa*, *dhyana mudraa* o sensillamente descanse las manos sobre sus rodillas y cierre los ojos.

Para la mayoría de los occidentales esta es una postura difícil por lo tanto es aconsejable comenzar con la postura *sukháasan* y luego la ardha *padmáasan* antes de intentar la *padmáasan*.

25. Baddha Padmáasan - El Loto Atado

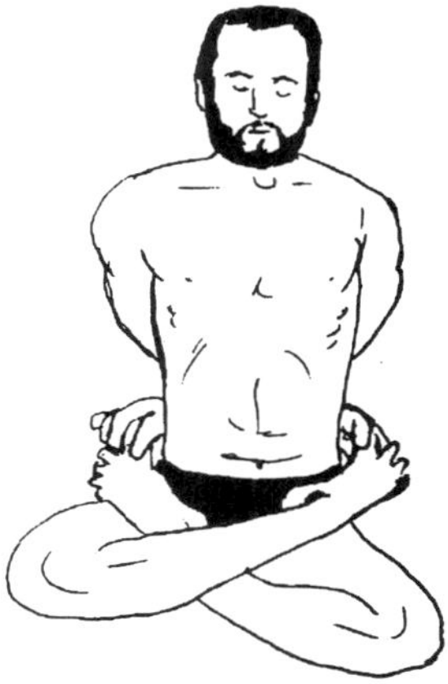

Técnica: A partir de la *padmáasan* comience por girar el cuerpo hacia la derecha y pase el brazo derecho por su espalda para agarrar el dedo mayor del pie derecho con su mano derecha. Luego pase el brazo izquierdo por su espalda a la vez que trata de girar hacia la izquierda para así poder agarrar el dedo mayor del pie izquierdo con la mano izquierda.

Beneficios: La postura con las piernas cruzadas le dá estabilidad al cuerpo y previene la compresión de las vísceras abdominales. De esta manera la mente se libera de la conciencia corporal facilitando la concentración.

Las *padmáasanas* tonifican los plexos sacros y coccígeos debido a que parte de la circulación hacia las piernas es desviada hacia estas regiones anatómicas. Las *padmáasanas* alivian el asma bronquial así como también los trastornos emocionales. La postura del loto puede ser sostenida por tanto tiempo como se pueda soportar y su duración puede ser aumentada gradualmente.

26. Loláasan - La Balanza

Técnica: Siéntese en *padmáasan* y coloque sus manos a ambos lados de sus caderas. Levante su cuerpo con la fuerza de sus brazos y colúmpiese apoyándose únicamente en sus manos.

A primera vista esta *áasan* parece fácil, pero solo puede ser ejecutada después de que se adquiere el dominio de la *padmáasan*. La *loláasan* es una de las posturas favoritas de los niños quienes se divierten al ejecutarla.

Beneficios: La postura de la balanza tiene los mismos beneficios que la *padmáasan* con la ventaja de que la elevación del cuerpo fortifica los brazos, los hombros y especialmente las muñecas.

27. Kukkutáasan - El Gallo

La *kukkutáasan* es otra postura que solo puede ser ejecutada por quienes han logrado perfeccionar la postura del loto.

Técnica: Siéntese en *padmáasan* y deslice sus manos por los espacios entre los muslos y las pantorrillas cerca de las rodillas. Apoye las manos firmemente en el suelo y eleve su cuerpo como si fuese una plataforma hasta la altura de los codos. Sostenga la postura todo el tiempo que pueda soportar cómodamente.

Beneficios: Además de los beneficios propios de la *padmáasan*, la *kukkutáasan* fortifica las muñecas, los brazos y los hombros. El esfuerzo necesario para elevar el cuerpo causa un aumento de la presión intraabdominal lo cual fortifica los musculos abdominales y tonifica los órganos internos.

28. Garbháasan - La Postura Fetal

Es muy parecida a la postura del gallo con la direrencia de que las manos tocan la cabeza o los hombros y en *kukkutáasan* el cuerpo se balancea apoyándose sobre las manos. Se le llama la postura fetal debido a que el cuerpo se asemeja a un feto dentro del utero materno.

Técnica: Pase las manos por entre las piernas cruzadas en *padmáasan* como en *kukkutáasan*. Luego flexione los brazos hacia arriba para tocarse las orejas o los hombros mientras equilibra el cuerpo sobre los glúteos.

Beneficios: Cruzar las piernas en *padmáasan* en combinación con los brazos dá orígen a que un volumen adicional de sangre se desvíe hacia la circulación abdominal para mayor nutrición de las vísceras tanto pélvicas como abdominales. La columna vertebral y la pélvis se fortifican con la práctica de este ejercicio.

29. Marichyáasan - La Postura de Marichy

Esta postura recibe el nombre de Marichy, uno de los personajes divinos honrados en los Puranas, los libros de historias sagradas de la India.

Técnica: A partir de la posición sentado, cruce la pierna izquierda en *ardha padmáasan* o medio loto. Flexione la pierna derecha y coloque el pie firmemente en suelo cerca del perineo. Inhale y extienda la columna vertebral, luego exhale y flexione el tronco hacia la izquierda y toque la rodilla izquierda con la barbilla. Pase el brazo derecho alrededor de la pierna derecha y diríjalo hacia la espalda para agarrar su mano izquierda. Sostenga la postura por unas cuantas respiraciones. Finalmente tome una inhalación profunda, deshaga la postura y repita del lado opuesto.

Beneficios: Si se logra ejecutar la postura completa se produce un estiramiento de la columna que alivia la compresión de los discos intervertebrales. El estiramiento beneficia la médula espinal y el sistema nervioso autónomo. Todas las vísceras abdominales reciben un buen masaje así como también los riñones y las adrenales. Esta postura también facilita el proceso de eliminación intestinal y urinaria.

30. Siddháasan - Postura del Adepto

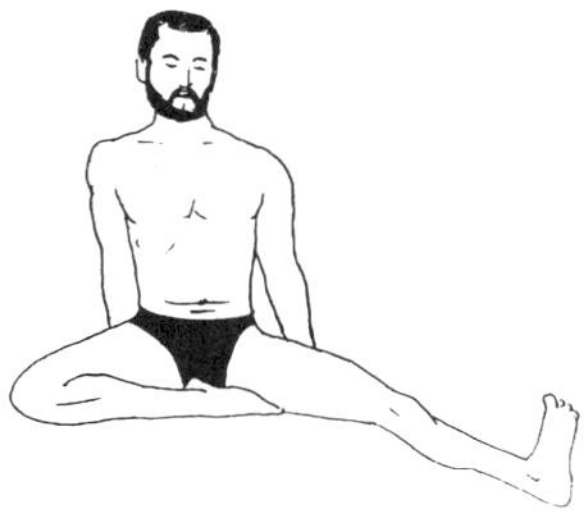

La *siddháasan* es una de las posturas más favorecidas para la meditación. *Siddha* significa adepto, es decir, alguien que con su esfuerzo tenaz logra la perfección o *siddhi*. Es por esta razón que se le denomina «la postura del adepto».

Técnica: Siéntese con las piernas extendidas. Flexione la pierna derecha y coloque el pie derecho contra el cuerpo permitiendo que el talón toque el centro de la zona genital y la planta del mismo pie quede en contacto con el muslo izquierdo. Ahora coloque el tobillo izquierdo encima del derecho de manera que el talón izquierdo toque el púbis. Las manos deben quedar sobre las rodillas.

Beneficios: La *siddháasan* es un postura de substitución de la *padmáasan* la cual produce beneficios similares.

31. Swastikáasan - La Prosperidad

La palabra *swastikáasan* significa «la postura de la cruz sagrada». La *swástika* es un símbolo místico hindú, que representa la unión del espíritu con el cuerpo y también la prosperidad. Para los cristianos la cruz es un símbolo de un profundo significado y de gran respeto.

Técnica: Prepárese para la *swastikáasan* flexionando la pierna derecha. Acerque el pie derecho al cuerpo de manera que el talón quede en contacto con la ingle izquierda, para que se pueda efectuar el cruce de los tobillos. Ahora inserte la punta del pie derecho entre la pantorrilla y el muslo izquierdo. Luego desde arriba inserte la punta del pie izquierdo entre la pantorrilla y el muslo derecho.

Beneficios: La *swastikáasan* substituye a la postura del loto y la postura del adepto y su ejecución deriva los mismos beneficios.

32. Gorakshásan - La Postura de Goraksha

Esta postura se conoce con el nombre de *gorakshásan* en honor a Goraksha, uno de los grandes yoguis de la Antigüedad.

Técnica: Siéntese con las piernas flexionadas, los muslos separados y las rodillas apuntando a ambos lados del cuerpo. Con sus manos aproxime los pies unidos por sus plantas hacia la zona genital como en la *shakti chalin áasan*. Agarre los talones con ambas manos y levántelos en dirección al abdómen dejando que los dedos de los pies permanezcan en contacto con el suelo y las manos se quedan en los talones. Flexione el cuello hacia adelante, contraiga la garganta y fije la mirada en la punta de la nariz.

Beneficios: La *gorakshásan* fortalece y a la vez flexibiliza las piernas, especialmente los tobillos. Esta postura estimula el *chakra muladhar* y ayuda a despertar el *kundalini*. La contracción de la garganta fortifica su musculatura y alivia las afecciones de esta zona anatómica. Fijar la mirada en la punta de la nariz fortalece la mente y facilita la concentración.

33. Nabhopadáasan - Elevación de Piernas

Técnica: Acuéstese sobre su espalda y con las piernas juntas. Lentamente levante las piernas hasta formar un ángulo de 90° con su cuerpo. Al mismo tiempo levante los antebrazos de manera que estos queden perpendiculares al suelo. Sostenga esta postura todo el tiempo que su resistencia le permita.

Si se desea se pueden practicar ejercicios para los tobillos, tales como flexiones, extensiones o movimientos rotatorios. Al finalizar el ejercicio baje las piernas lentamente hacia el suelo, permitiendo que sean los músculos abdóminales los cuales controlan el movimiento. Ese ejercicio se puede practicar levantando sólamente una pierna a la vez, alternativamente.

Beneficios: Esta postura es muy buena para fortificar las piernas, para mejorar la circulación, aliviar las venas varicosas y para reducir la cintura. *Nabhopadáasan* es adecuada para los principiantes y para las personas obesas que no pueden ejecutar la *sarvangáasan*.

34. Sarvangáasan - La Postura de Hombros

Técnica: Acuéstese de espaldas y apoye las manos planas en el suelo. Lentamente levante las piernas sin doblar las rodillas hasta llegar a la vertical. Ahora eleve las caderas y el tronco y sostenga su espalda con sus manos mientras deja los codos apoyados en el suelo. El pecho debe quedar pegado a la barbilla.

Sostenga la postura por dos minutos. Si se desea se puede bajar una pierna por detrás de la cabeza hasta tocar el suelo con la punta del pie. La otra pierna debe permanecer vertical. Luego repita el movimiento con la pierna opuesta. Después de sostener la postura en la fase estática, baje ambas piernas sin doblar las rodillas para aproximaralas a la cabeza y desenrolle la columna vértebra por vértebra hasta llegar a la posición de decúbito supino. Cuando ya se ha dominado la *sarvangáasan*, esta se puede ejecutar con los brazos extendidos en el suelo. Una versión más avanzada consiste en balancear el cuerpo sobre los hombros con los brazos extendidos y las palmas de las manos apoyadas sobre los muslos. La *sarvangáasan* puede practicarse con las piernas en *padmáasan*.

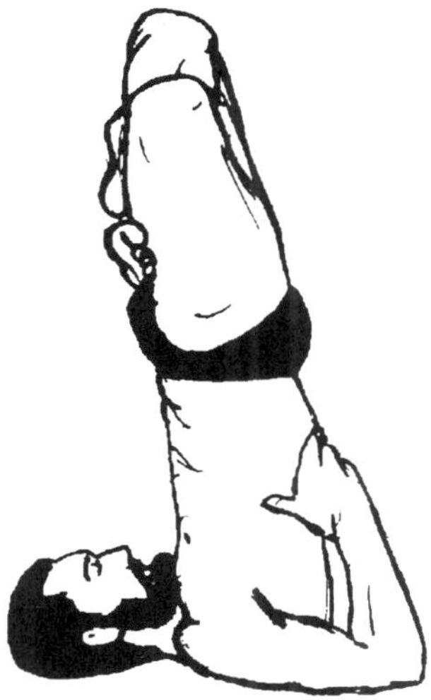

Beneficios: La palabra sánskrita *sarvangáasan* significa «la postura de todas las partes del cuerpo». En efecto, todo el cuerpo se beneficia al revertir la influencia de la fuerza de la gravedad. La circulación de la sangre mejora así como también todos los procesos metabólicos.

La *sarvangáasan* estimula las glándulas tiroides, paratiroides y el timo, siendo esta postura de gran importancia para asegurar un óptimo desarrollo físico y mental de los niños. En los adultos, la postura sobre los hombros tiene un efecto rejuvenecedor. La columna vertebral se revitaliza y el aporte sanguíneo hacia la cabeza se incrementa. Esta postura es efectiva en la profilaxis de las hemorroides y los descensos uterinos o de la vejiga urinaria.

La *sarvangáasan* no debe ser practicada por los pacientes cardíacos, pacientes con hernias de discos intervertebrales, personas con glaucoma ni por las mujeres durante la menstruación.

35. Haláasan - El Arado

Técnica: Acuéstese sobre su espalda y mantenga los brazos rectos junto al cuerpo y apoye las palmas de sus manos firmemente en el suelo. Lentamente levante las piernas sin doblar las rodillas. Eleve la pelvis y el tronco para poder dirigir las piernas por detrás de la cabeza mantenga las piernas rectas y bájelas hasta tocar el suelo con la punta de los pies. Las piernas deben ser extendidas hacia atrás lo más lejos que sea posible y la barbilla debe apoyarse con firmeza al pecho.

La *haláasan* puede ejecutarse a partir de la *sarvangáa-san* y siempre debe ejecutarse a continuación de esta.

Beneficios: Esta postura tiene muchos de los beneficios de la *sarvangáasan*. La columna vertebral se flexibiliza. Los nervios espinales y la médula son estimulados al igual que el páncreas y las glándulas suprarrenales. Todos los órganos abdominales son masajeados y se alivia el estreñimiento.

36. Karnapidáasan - El Arado Plegado

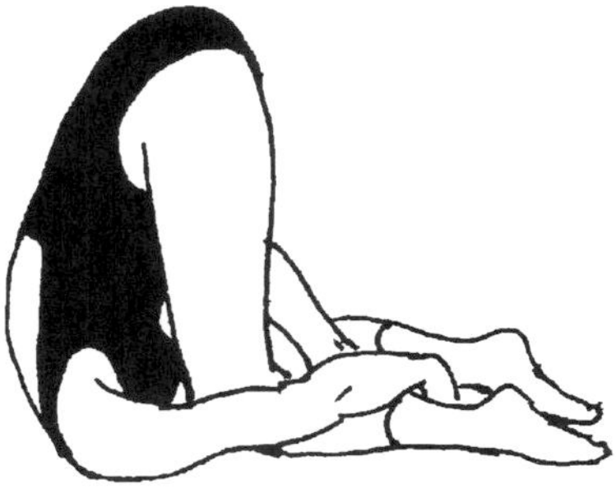

Técnica: Esta postura es una continuación de la *haláasan*. Luego de la ejecución de la postura del arado se doblan las rodillas para bajarlas al suelo junto a la cabeza, en contacto con las orejas si es posible. Los brazos se pueden pasar por detrás de las rodillas para entrelazar las manos, o se pueden dejar extendidas en el suelo en dirección opuesta a las piernas, lo que le dá al cuerpo la apariencia de la letra omega del alfabeto griego.

Beneficios: La ejecución repetida de la *haláasan* y *karnapidáasan* promueve la flexibilidad. Toda persona que practique estas posturas se siente ágil y energético. Para algunos esta postura es muy relajante y pueden sostenerla un largo tiempo lo que permite un considerable ahorro de energía.

37. Matsyáasan - El Pez

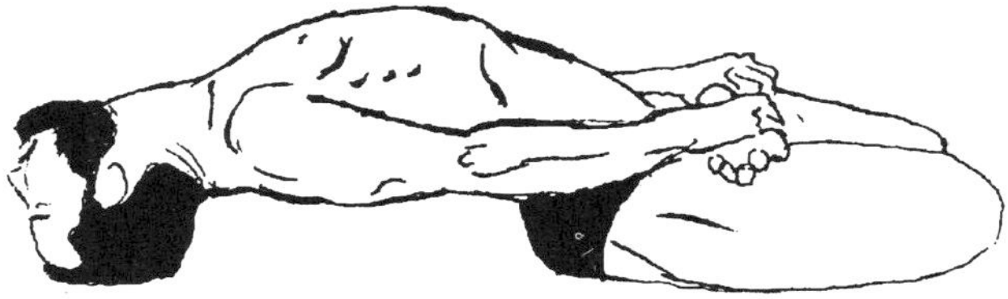

La palabra *matsya* significa «pez», por lo tanto *matsyáasan* significa «la postura del pez».

Técnica: Comience por asumir la postura del loto y luego lentamente recuéstese apoyándose en los codos. Arqueé la espalda y el cuello hacia atrás para apoyar la cabeza por la coronilla en el suelo y fije la mirada hacia atrás. Las manos se pueden colocar alrededor de la cabeza, agarrando los pies o juntas por sus palmas en *namaskar* en el centro del pecho.

Para aquellas personas que no dominen la *padmáasan* pueden ejecutar la *matsyáasan* con las piernas extendidas o simplemente cruzadas en *sukháasan.*

Beneficios: Esta es la contrapostura de la *sarvangáasan*, *haláasan* y *karnapidáasan* y debe siempre practicarse a continuación de estas posturas. *Matsyáasa*n tonifica el sistema nervioso autónomo y las glándulas endocrinas. La caja torácica se expande lo cual aumenta la ventilación pulmonar y mejora la función respiratoria.

38. Kandharáasan - El Puente

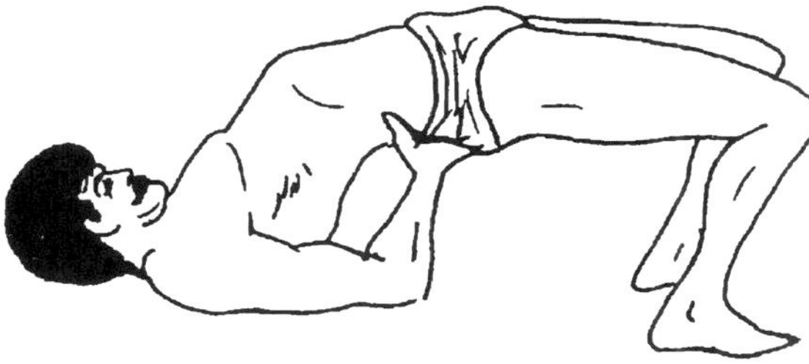

Técnica: Acuéstese sobre su espalda. Flexione las rodillas y acerque los talones a los glúteos. Eleve la pélvis arqueando la espalda mientras la cabeza, el cuello y los hombros permanecen en contacto con el suelo. Sostenga la pelvis con las manos mientras apoya los codos en el suelo. Levante el cuerpo todo lo que pueda hasta que el pecho quede firmemente apretado a la barbilla.

Variaciones: En lugar de sostener de pelvis con las manos, agarre los tobillos. Es posible lograr un estiramiento adicional si se extienden las piernas dejando la espalda arqueada. Se puede añadir dinamismo elevando una pierna a la vertical mientras se sostiene la postura y cambiando la pierna para equilibrar el ejercicio.

Beneficios: La *kandharáasan* produce la flexión del cuello y la extensión de la espalda. Estos movimientos estimulan la médula espinal y el sistema nervioso autónomo. Las glándulas tiroides y paratiroides son masajeadas por el ejercicio y el tórax se expande aumentando la capacidad respiratoria.

39. Chakráasan - La Rueda

Este es un ejercicio poderoso el cual a primera vista parece simple pero en realidad no es muy fácil. La palabra *chakra* significa «rueda» en el idioma sánskrito.

Técnica: Acuéstese en su espalda, doble las rodillas y acerque los talones a los glúteos. Flexione los brazos por encima de la cabeza y coloque las manos con las palmas apoyadas en el suelo y los dedos apuntando hacia los pies. Tome una inhalación profunda, fije su cabeza en el suelo por la coronilla y eleve la pélvis arqueando bien la espalda. Enderece los brazos y levante la cabeza soportando su cuerpo solamente con las manos y los pies. Sostenga la postura por unos segundos mientras respira libremente, luego baje el cuerpo gradualmente hasta regresar a la posición acostado.

Beneficios: La *chakráasan* fortifica las muñecas y los músculos triceps. La parte anterior del cuerpo recibe un buen estiramiento. Esta postura flexibiliza la columna, tonifica el sistema nervioso y estimula los riñones incrementando su capacidad de eliminación.

40. Sopanáasan - La Rampa

Técnica: Siéntese con la columna erecta y las piernas extendidas al frente. Coloque sus manos en el suelo detrás de las caderas y con los dedos apuntando hacia afuera del cuerpo. Eleve la pélvis desplazando el peso de su cuerpo sobre las manos y los talones los cuales permanecen apoyados. Los pies deben permanecer juntos con las plantas apoyadas y las piernas rectas. Permanezca inmóvil en la postura con la cabeza extendida hacia atrás y el cuello relajado. Sostenga la postura por varias respiraciones completas y luego relájese. Repita el ejercicio tres veces.

Beneficios: La *sopanáasan* alivia los dolores de espalda y fortalece los músculos de las muñecas, de los brazos y de los hombros. Esta es una *áasan* excelente para mantener la salud de los pulmones. También tiene un efecto estimulante sobre los *chakras*, o centros anergéticos del cuerpo astral. (véase el capítulo VII)

41. Paripurna Naukáasan - El Bote

El cuerpo en esta postura parece un bote lo cual explica el nombre *nauka*, que significa bote.

Técnica: Siéntese con las piernas extendidas al frente, la columna erecta y las manos apoyadas en el suelo en ambos lados de las caderas. Tome una inhalación profunda y luego exhale al mismo tiempo que levanta las piernas extendidas. Equilibre su cuerpo sobre los glúteos y eleve los brazos estirandolos a la altura de los hombros y las palmas de las manos opuestas una contra la otra a la altura de las rodillas. Sostenga la postura y respire normalmente.

Luego proceda a bajar los brazos y las piernas gradualmente y a desenrrollar la columna vértebra por vértebra para bajar la espalda y descansar en *shaváasan*.

Beneficios: Es una postura excelente para mejorar la capacidad de concentración y el sentido del equilibrio. La *naukáasan* estimula la digestión y fortifica los músculos del abdómen y de las piernas.

42. Sushumnáasan - Estiramientos Alternados

Técnica: Siéntese en el suelo con las piernas extendidas al frente y ampliamente separadas. Extienda los brazos hacia los lados a la altura de los hombros y con las palmas de las manos dirigidas hacia abajo. Gire el tronco hacia la izquierda y con la mano derecha toque el pie izquierdo. Luego gire el tronco en sentido opuesto y con la mano izquierda toque el pie derecho. Repita el movimiento varias veces. Recuerde mantener los brazos rectos durante el ejercicio.

Beneficios: La *sushumnáasan* es un ejercicio adecuado para aumentar la flexibilidad de la columna vertebral. Esta postura sirve como preparación para la *paschimottanáasan*. De la misma manera la columna lumbar adquiere la flexibilidad rotatoria necesaria para la ejecución de la *matsyendráasan*.

43. Janushiráasan - Cabeza Contra Rodilla

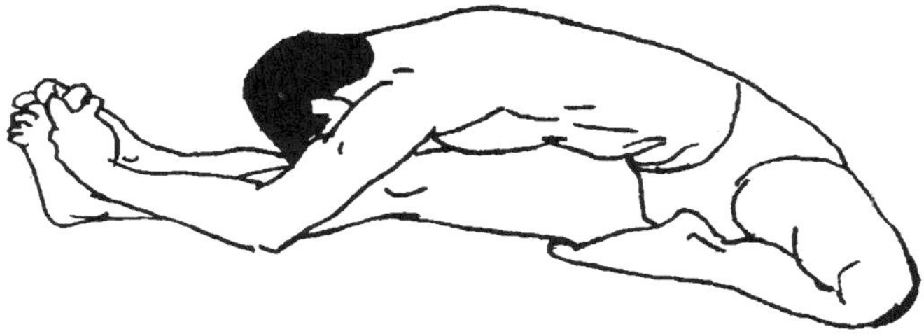

Técnica: Siéntese con las piernas extendidas al frente y con la columna recta. Flexione la rodilla izquierda y coloque la planta del pie contra la cara interna del muslo derecho y el talón en contacto con el perineo. Tome una inhalación profunda y eleve ambos brazos lateralmente hasta que las manos se encuentren por encima de la cabeza y las palmas dirigidas al frente. Mantenga los brazos rectos. Gire el tronco ligeramente hacia la derecha y al mismo tiempo que exhala flexione el cuerpo por la pélvis acercando la cabeza a la rodilla y agarre los pies con ambas manos. Flexione los brazos de manera que los codos descansen en el suelo.

Sostenga la postura por unas cuantas respiraciones y luego levante el cuerpo al mismo tiempo que toma una inhalación profunda. Mantenga la columna recta y los brazos extendidos. Repita la *áasan* cambiando las piernas.

Beneficios: La *janushiráasan* produce un estiramiento lateral de la espalda del lado opuesto de la pierna extendida. Los órganos abdominales son así masageados y por lo tanto se alivia la congestión del hígado y del bazo. La digestión es estimulada y se corrige el estreñimiento.

44. Paschimottanáasan - Flexíon Anterior

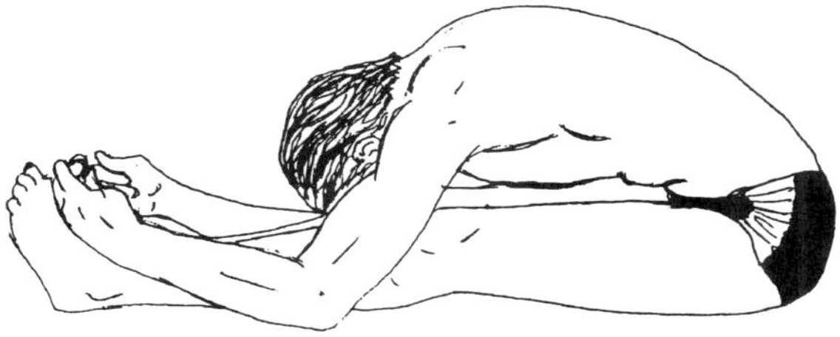

La palabra sánskrita *paschimo* significa «Oeste» y representa la espalda. Tradicionalmente los ejercicios yoga se practican temprano por las mañanas y de frente al Sol, es decir hacia el Este.

Técnica: Acuéstese en su espalda con los brazos extendidos por encima de la cabeza e inhale. Luego siéntese manteniendo los brazos extendidos, flexione el tronco por las caderas y mientras exhala dirija los brazos hacia adelante manteniendo la columna recta. Finalmente toque las rodillas con la frente y agarre los dedos mayores de ambos pies con el pulgar y el dedo índice de cada mano y flexione los codos. Sostenga la postura en la fase estática por unas cuantas respiraciones. Deshaga la postura regresando gradualmente a la posición acostado y con los brazos extendidos por encima de la cabeza. Repita el ejercicio cinco veces.

Beneficios: Este ejercicio fortifica los músculos abdominales, estimula el peristaltismo y estimula la actividad secretoria del intestino. La presión ejercida en el abdómen es efectiva en el tratamiento de la congestión, la dispepsia y el estreñimiento. La *paschimottanáasan* es excelente para reducir la grasa abdominal. El estiramiento de los músculos de la espalda alivia las mialgias y el lumbago.

45. ABPP - Flexión Anterior en Medio Loto

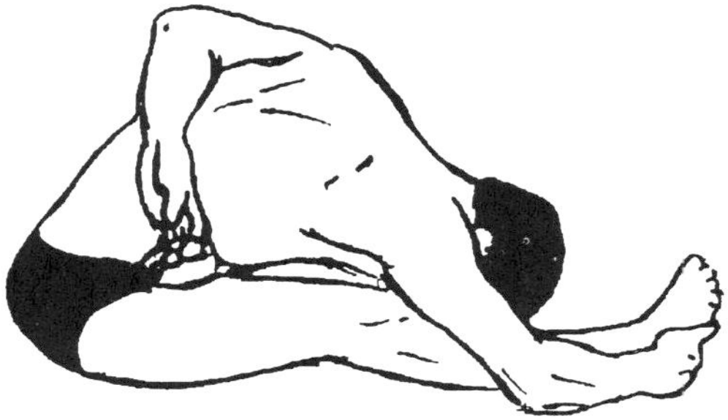

Técnica: La *ardha baddha padma paschimottanáasan* se ejecuta a partir de la posición sentado y con las piernas extendidas. Flexione la pierna izquierda en ardha padmáasan o medio loto. Luego de una inhalación profunda gire el tronco hacia la izquierda y con la mano izquierda agarre el dedo grande del pie izquierdo por detrás de la espalda. Inhale y luego exhale y lentamente flexione el tronco hacia adelante hasta agarrar el talón derecho con la mano derecha. Trate de tocar la rodilla derecha con la frente. Sostenga la postura cómodamente y respire normalmente. Regrese a la posisión sentado y repita del lado opuesto.

Beneficios: Esta es una postura que combina los efectos fisiológicos de la *padmáasan* y la *paschimottanáasan*. El pie de la extremidad flexionada añade compresión al abdómen lo cual tonifica el tubo digestivo y los órganos sólidos. Recuerde siempre comprimir primero el lado derecho del abdómen para estimular el tránsito intestinal en la dirección correcta.

46. Kurmáasan - La Tortuga

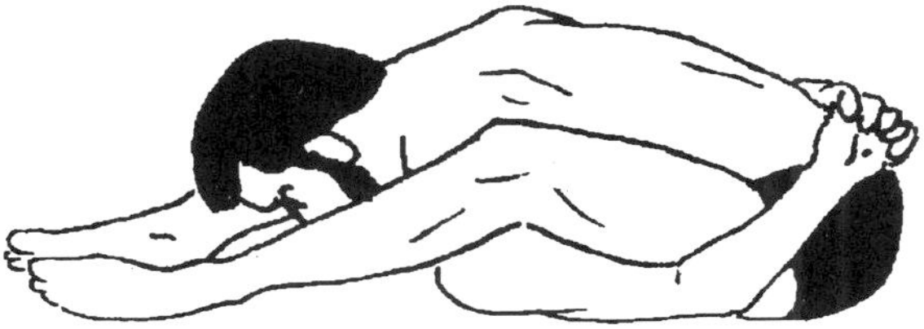

Técnica: Siéntese en el suelo con las piernas extendidas y cómodamente separadas. Junte las manos por sus palmas en *namaskar*. Flexione en tronco por las caderas y baje la frente al suelo y apoye las manos planas en el suelo frente a la cabeza.

Flexione las piernas juntando los pies por sus plantas y coloque la cabeza en el suelo entre ambas piernas. Pase las manos por debajo de cada pierna estirando los brazos hacia atrás. Las personas muy flexibles pueden entrelazar las manos por detrás de la espalda. Sostenga la postura el tiempo quepueda realizar por lo menos tres respiraciones completas.

Beneficios: La *kurmáasan* tiene los mismos beneficios que la *paschimottanáasan* por el estiramiento de la columna y el efecto en el abdómen. Esta *áasan* tonifica los órganos pélvicos y le dá flexibilidad a las caderas. La musculatura de los hombros se fortalece y el tórax recibe una expansión adicional.

47. Akarna Dhanuráasan - El Arquero

Preparación: Siéntese con las piernas juntas extendidas al frente y con la columna erecta.

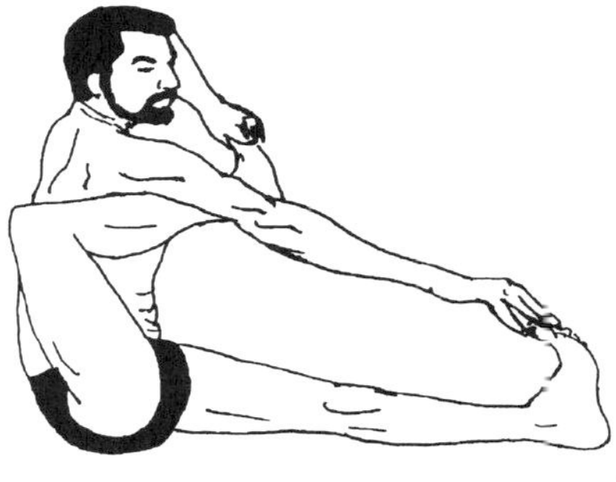

Técnica: Con la mano derecha agarre el dedo mayor del pie izquierdo. Ahora pase la mano izquierda por debajo del brazo derecho y agarre el dedo mayor del pie derecho. Con la mano izquierda tire del pie derecho hacia arriba y acérquelo a la oreja izquierda. Cambie las extremidades y repita el ejercicio.

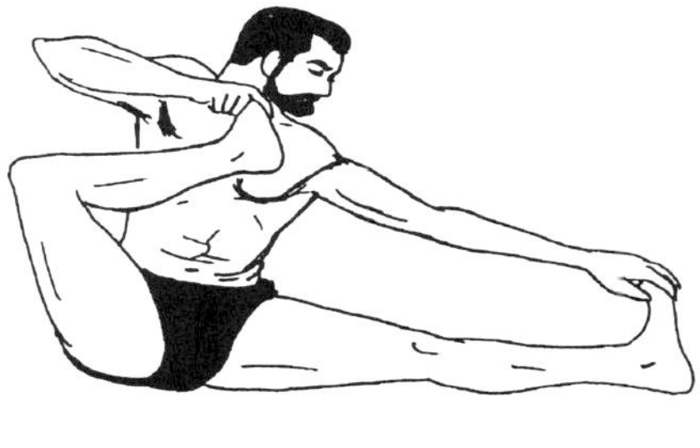

Variación: Agarre los dedos mayores de ambos pies como en *paschimottanáasan*, cada uno con la mano correspondiente. Tire del pie derecho hasta tocar la oreja derecha. Cambie las extremidades y repita el ejercicio.

Beneficios: En esta *áasan* se estiran los músculos de las piernas y en especial los de los muslos y se incrementa la flexibilidad de las caderas. La práctica de este ejercicio prepara para la ejecución correcta de la *padmáasan*. Los brazos se fortifican al igual que los músculos del abdómen.

48. Makaráasan - Capricornio

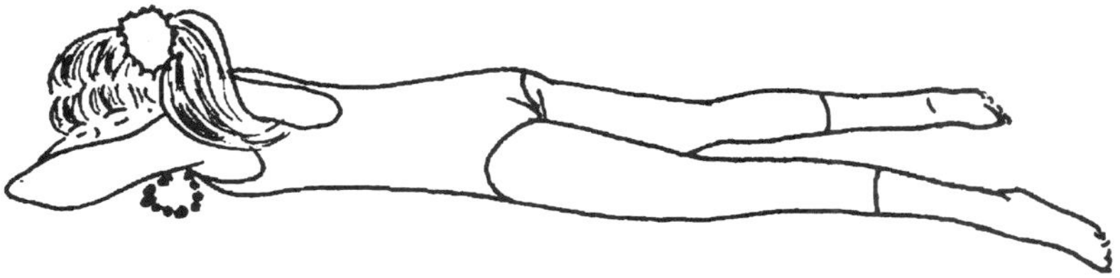

A la *makaráasan* también se le denomina la postura de la araña. Acostarse sobre el abdómen se asemeja a la forma tan fácil que las arañas se pegan a las paredes. También se le llama la postura del cocodrilo o de capricornio. En el horóscopo hindú, *makara* o cocodrilo corresponde al signo de capricornio.

Técnica: Acuéstese boca abajo dejando todos sus músculos relajados. Flexione sus brazos y forme como una especie de almohada colocando una mano encima de la otra y apoye su cabeza en ellas. Estire sus piernas dejándolas ligeramente separadas con los talones al centro y las puntas de los pies apuntando hacia afuera. Los pies también se pueden colocar juntando los dedos y separando los talones hacia afuera.

Beneficios: Esta es una postura de relajación especialmente adecuada para los problemas de la espalda. Todos los músculos se tonifican así como la columna vertebral. Relájese en esta postura después de ejecutar la *bhuyangáasan*, *shalabháasan* y *dhanuráasan*.

Es importante alternar la mejilla que se apoya en las manos para permitir que los músculos del cuello se relajen equilibradamente de ambos lados.

49. Bhuyangáasan - La Cobra

Técnica: Acuéstese sobre su abdómen con las piernas rectas juntas y extendidas. Coloque las manos por sus palmas apoyadas en el suelo a nivel de las axilas y con las puntas de los dedos alineadas con los hombros. Mantenga los codos levantados. Coloque la frente en el suelo. Con una inhalación profunda levante lentamente la cabeza, los hombros y el pecho dejando la pélvis en el suelo. Dirija la mirada al techo, simulando la cabeza de una cobra.

Los brazos deben permanecer ligeramente flexionados y sin hacer ningún esfuerzo. No se debe empujar con las manos, el cuerpo debe elevarse sólamente con el esfuerzo de los músculos lumbares. Sostenga la postura todo el tiempo que usted pueda retener el aliento.

Beneficios: La *bhuyangáasan* estimula la crculación hacia la columna, los músculos de la espalda, la médula espinal y el sistema nervioso autónomo. Se estiran los músculos abdominales y los ligamentos intervertebrales. Para los dolores de espalda, la cobra es una de las *áasanas* más beneficiosas. Por el aumento de la presión dentro del abdómen se incrementa la circulación hacia los riñones y las adrenales.

50. Shalabháasan - El Saltamontes

Técnica: Acuéstese en el abdómen con los brazos debajo del cuerpo y las manos debajo de los muslos. Si desea puede hacer un puño. Coloque la barbilla en el suelo. Levante las piernas rectas lo más alto que pueda. El esfuerzo se hace con los musculos lumbares usando los brazos sólamente como punto de apoyo. Eleve las piernas lo más alto que le sea posible manteniendo las rodillas rectas. La presión debe sentirse en el arco lumbar y en el abdómen.

Variaciones: *Ardha shalabháasan*. Eleve sólamente una pierna de una manera alternada. Otra variante consiste en agarrar con una mano la muñeca del otro brazo por la espalda y levantar la cabeza, los hombros y las piernas simultáneamente.

Beneficios: La *shalabháasan* tiene beneficios similares a la *bhuyangáasan*. Estas dos *áasanas* son practicadas secuencialmente complementandose entre ambas. El efecto vigorizante predomina en la parte baja de los músculos lumbares, en los glúteos y en los músculos posteriores de los muslos. Este ejercicio también es muy efectivo contra el estreñimiento.

51. Dhanuráasan - El Arco

Esta es una combinación de *bhuyangáasan* y *shalabháasan*. La *dhanuráasan* complementa estas dos posturas cuando se practican en secuencia.

Técnica: Acuéstese sobre su abdómen con la barbilla apoyada en el suelo. Flexione las rodillas y agárrese los tobillos con ambas manos. Eleve la cabeza, el pecho, los muslos y las piernas lentamente, manteniendo los brazos rectos. Estire todo el cuerpo y empuje con sus piernas hacia arriba y atrás. Sólamente el abdómen debe permanecer en contacto con el suelo. Sostenga la postura en la fase estática o si lo desea, puede añadir un movimiento de balanceo.

Beneficios: En esta postura todo el sistema nervioso autónomo recibe una buena estimulación. Los estiramientos de las extremidades son beneficiosos para aliviar el reumatismo de las piernas, las rodillas y las manos. La *dhanuráasan* flexibiliza el cuerpo, es muy placentera y mejora el equilibrio emocional y las tendencias nerviosas. La actitud de desgano rápidamente desaparece con la práctica de este ejercicio.

52 . Vishnú Áasan - El Medio Arco

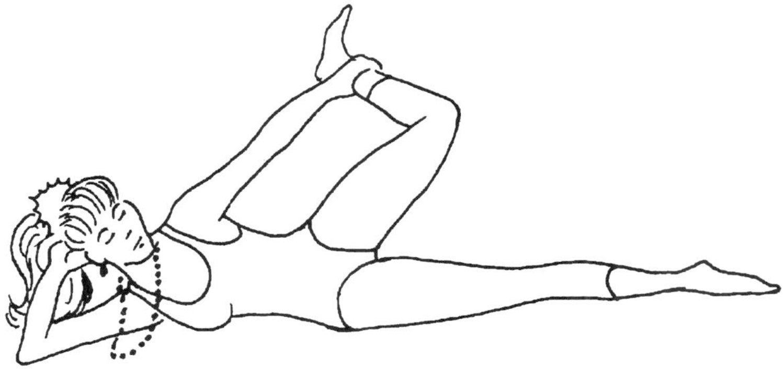

Se le llama postura de Vishnú, en honor a una de las deidades de la mitología hindú. A Vishnú generalmente se le representa reclinado contra la gran cobra sagrada.

Técnica: Tiéndase en el piso sobre el lado derecho de su cuerpo. Sostenga la cabeza levantada sobre su mano derecha con el codo derecho apoyado en el suelo. Flexione la rodilla izquierda y dirja el pie hacia atrás y agarre el talón izquierdo con la mano izquierda. Ahora tire del tobillo hacia atrás hasta el máximo de su capacidad. Sostenga la postura respirando normalmente por un promedio de medio minuto y regrese a la postura de decúbito supino. Repita este ejercicio del lado opuesto.

Beneficios: La postura de Vishnú ejercita los costados del cuerpo. Todos los nervios son simétricamente estirados y se flexibilizan las caderas. Esta postura aporta grandes beneficios en todos los casos de artritis. Después de ejecutar la *dhanuráasan* asegura que ambos lados del cuerpo sean igualmente ejercitados.

53. Shirsháasan - La Postura Sobre la Cabeza

Técnica: Para aprender la ejecución de la *shirsháasan* correctamente, esta debe practicarse en cuatro etapas. No trate de proseguir a la última etapa hasta que las anteriores no sean dominadas. Siempre utilice un pedazo de colcha debajo de la cabeza y los brazos.

Primera etapa: Arrodíllese y coloque las manos entrelazadas por los dedos en el suelo frente a usted. Coloque los antebrazos en el suelo con los codos separados a una distancia de 18 cms. (aproximadamente la longitud del antebrazo).

Ponga la coronilla de la cabeza en la colcha entre ambas manos soportando con estas la parte posterior de la cabeza para mantener el equilibrio. La cabeza y los brazos forman una especie de trípode para sostener el cuerpo.

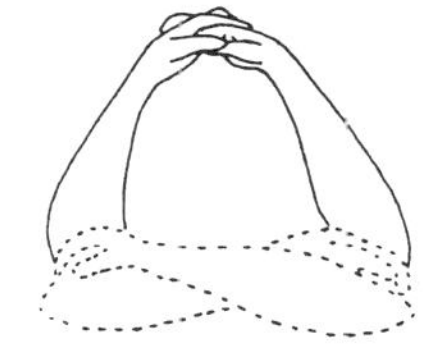

Levante las caderas manteniendo las piernas rectas. Lentamente camine acercando los pies a su cabeza de manera que los muslos queden casi paralelos al tronco. Este es el paso más importante. Si esto se hace correctamente solo basta con levantar las piernas porque ya se ha encontrado el punto de equilibrio.

Segunda etapa: Eleve las piernas flexionando las rodillas. Aprenda a mantener el equilibrio en esta etapa antes de proceder a subir los pies más alto.

Tercera etapa: Continúe elevando las piernas flexionadas y juntas. Prosiga hasta que las rodillas apunten hacia arriba y el cuerpo se encuentre en línea recta.

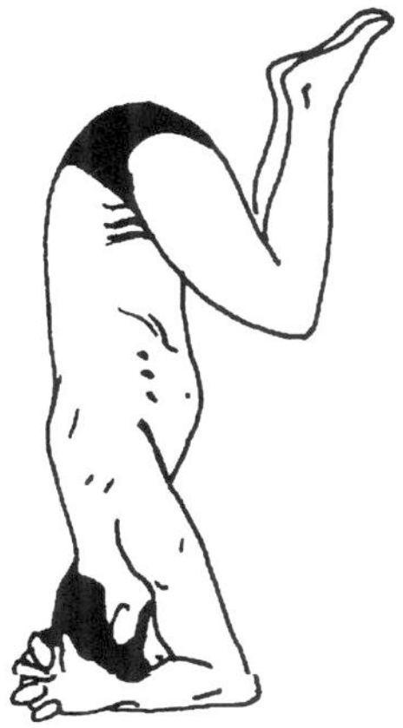

Cuarta etapa: Extienda las piernas manteniéndolas juntas hasta que el cuerpo quede en la postura vertical apoyado sobre la cabeza. Sostenga la *shirsháasan* por un espacio de tiempo de aproximadamente uno a dos minutos. Para deshacer la postura regrese a la posición original a tavés de las etapas 3, 2 y 1. Ahora ejecute algunas flexiones y extensiones con el cuello mientras su cuerpo está en *surya darshán* (la posición 4 de *surya namaskar)*, lentamente regrese a la *tadáasan* (posición de pie) y descanse en ella por un minuto.

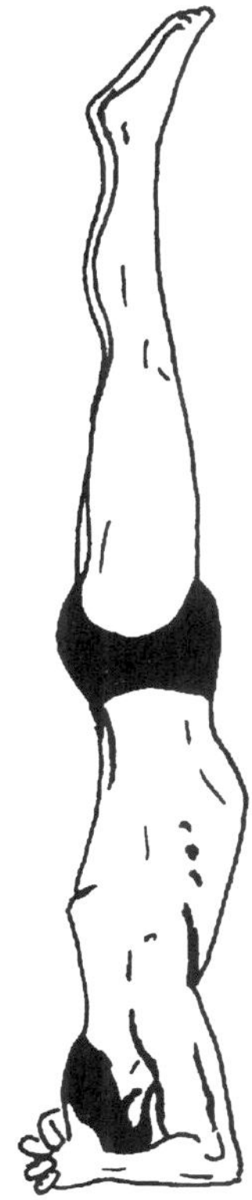

Beneficios: La *shirsháasan* con toda justicia es conocida con el nombre de «la reina de las *áasanas*» por su efecto vitalizador y su capacidad de mantener el cuerpo jóven y saludable. Todo el cuerpo se tonifica y el cerebro recibe un flujo mayor de sangre. La práctica constante de esta postura mejora el sentido del equilibrio y las facultades mentales incluyendo el poder de concentración, la memoria y la facultad de la conciencia corporal.

La congestión hepática así como la de otros órganos sólidos mejora de una manera efectiva debido a la inversión de los efectos de la fuerza de la gravedad. La *shirsháasan* ejerce una buena profilaxis contra las várices, las hemorroides y el edema de las piernas.

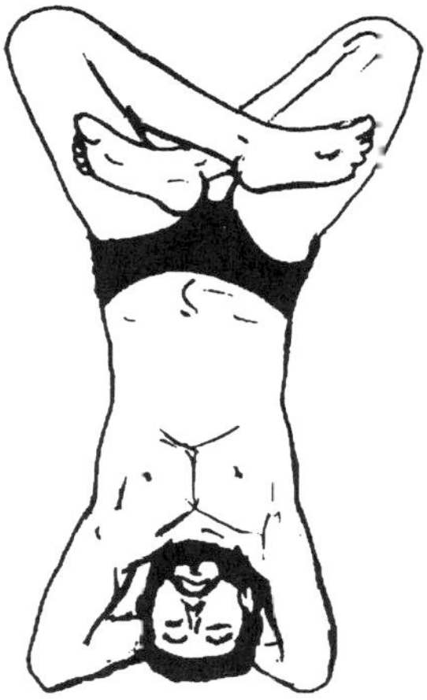

Los pacientes hipertensos, aqellos con afecciones cardíacas y quienes padecen de glaucoma no deben practicar la postura sobre la cabeza. Tampoco debe ser ejecutada por las mujeres durante la menstruación.

A partir de la *shirsháasan* se puede ejecutar la *surya padmáasan* simplemente cruzando las piernas como en la postura del loto. *Surya* se refiere al Sol y el nombre *surya padmáasan* sugiere la belleza de una flor de loto de frente al Sol.

54. Vrischikáasan - El Escorpión

Técnica: Arrodíllese con las piernas ligeramente separadas, inclínese hacia adelante y coloque los antebrazos y las palmas de las manos en el suelo. Levante la cabeza y eleve el tronco equilibrandose en los antebrazos y estire las piernas. Luego flexione las rodillas y arqueé la espalda con la cabeza levantada y las piernas suspendidas como la cola de un escorpión listo para atacar. Sostenga la postura unos breves momenos mientras respira normalmente. Baje el cuerpo gradualmente.

La *vrischikáasan* también puede ejecutarse a partir de la *shirsháasan* liberando las manos y apoyando luego las palmas en el suelo manteniendo los antebrazos paralelos. Extienda el cuello levantando la cabeza y flexione las piernas bajando los pies cerca de la cabeza.

Beneficios: Para su ejecución se requiere fuerza y concentración. Una vez que se ha logrado su dominio, la columna adquiere fuerza y flexibilidad. Los brazos, el cuello y la espalda se fortalecen. Los efectos de la *vrischikáasan* en el cerebro, las glándulas y todos los órganos internos son similares a los de la *shirsháasan*.

55. Shaváasan - La Postura del Cadáver

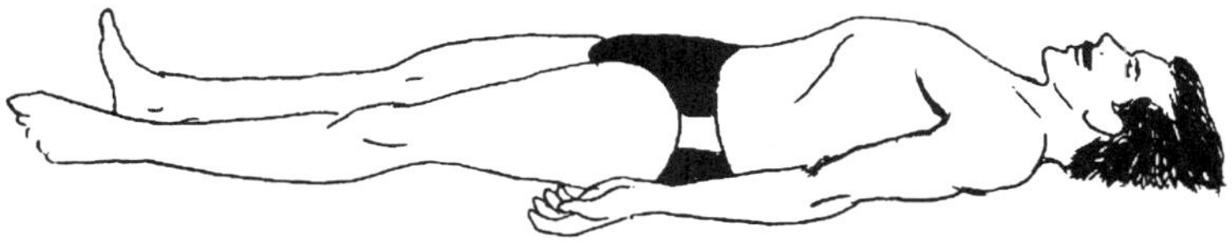

Técnica: Acuéstese en su espalda con los brazos ligeramente separados del cuerpo. Mantenga las palmas de las manos hacia arriba con los dedos ligeramente abiertos y relajados. Mantenga las piernas ligeramente separadas con ambos pies a una distancia aproximada de doce pulgadas. Deje que las puntas de los pies caigan a los lados de una manera natural y relajada. Mueva su cabeza suavemente a ambos lados unas cuantas veces para liberar cualquier tensión. Luego coloque la cabeza en la línea media. Mantenga su cuerpo recto y en perfecta simetría.

Deje que su cuerpo quede suavemente abandonado en el suelo de una manera completamente relajada. Asegúrese de que su respiración es rítmica y completa, permitiendo una excursión amplia del diafragma. Cierre sus ojos y entréguese para una total relajación.

Beneficios: La *shaváasan* también es conocida con el nombre de *mritáasan*, ambas palabras son sinónimas. Esta es una postura perfecta para la relajación. Tanto la mente como el cuerpo se liberan de las tensiones en esta postura la cual debe practicarse al final de la sesión de yoga.

56. Pawán Mukta - Ejercicios Fantásticos

La mejor serie de ejercicios apropiada para todas las edades se conoce con el nombre sánskrito de *Pawán Mukta Áasan*, lo que quiere decir «liberador de energía». *Pawán* es viento, aire o energía y *mukta* significa liberar. Esta es una combinación de 15 ejercicios unidos en secuencia. Los principiantes deben comenzar por ella.

El cuerpo humano contiene una complicada red de canales, nervios o *nadis*. Las escrituras yóguicas mencionan la existencia de 72,000 *nadis* en nuestro cuerpo. En realidad es muy difícil demostrar su cantidad, pero sabemos que la energía es acumulada y liberada por el sistema nervioso. En estos nervios tambien se pueden acumular toxinas y por medio de la practica de yoga pueden ser purificados.

De acuerdo con la medicina ayurvédica existen tres sistemas que controlan los procesos fisiológicos y mentales de los humanos. Estos sistemas son *pitta*, *kapha* y *vata*, los cuales estan relacionados con los cinco *maja bhutas* o elementos y con la circulación del aire y los humores.

1. *Pitta* - fuego, agua, ácido y bilis.
2. *Kapha* - tierra, agua y mucus.
3. *Vata* - espacio o éter y *vaayu* o aire.

Pitta se encarga de la regulación de la digestión y *kapha* es responsable de la resistencia tisular. *Vata* es mayormente encargado de regular el movimiento y los cambios en el cuerpo. La respiración, las funciones de eliminación y la actividad del sistema nervioso ocurre gracias a los movimientos del aire o *vaayu*. En este caso se refiere a *pawán*, su forma energética.

Este programa de posturas dinámicas alivia las tensiones. La rigidez articular desaparece y se liberan los gases intestinales. Mantenga el control consciente de la respiración en todo momento. Una respiración rítmica y pausada refresca la mente y tonifica los organos internos. Proceda durante toda la serie con una velocidad moderada sin detenerse en la fase estática de ninguna postura.

Primera Parte

Preparación: Siéntese en el suelo y extienda las piernas juntas frente a usted. Coloque las manos sobre sus muslos. Mantenga la columna erecta.

1. Dedos de los pies: Estire los dedos de los pies al máximo, flexiónelos y relájelos. Repita estos movimientos en susesión rápida 15 veces.

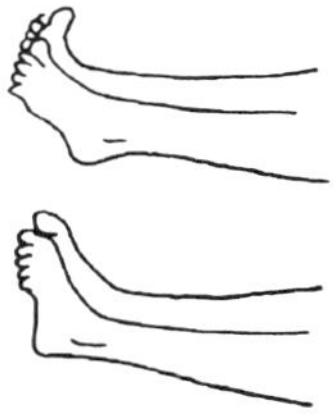

2. Tobillos: Separe sus pies unas 6 pulgadas. Gire su tobillo derecho 10 veces en el sentido de las manecillas del reloj y luego en dirección contraria. Repita con el tobillo izquierdo. Luego gire los dos pies 10 veces en ambas direcciones.

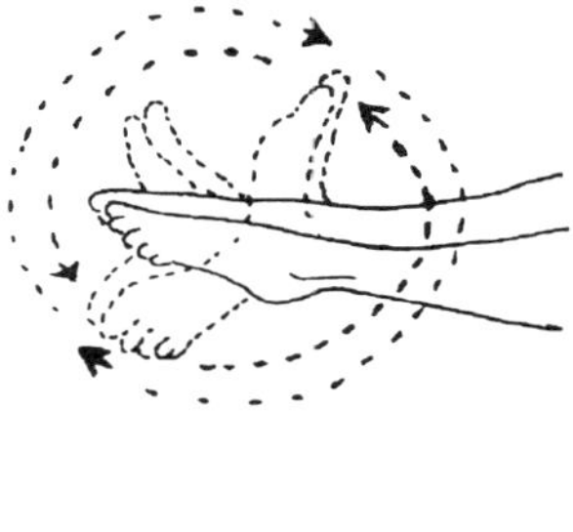

3. Rodillas: Levante la pierna derecha en un ángulo de 45°. Sostenga la pierna con ambas manos entrelazadas por debajo de los muslos. Mueva la pierna como si

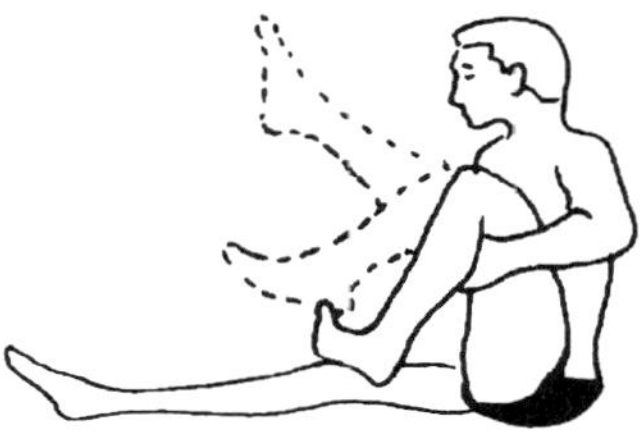

pedaleara una bicicleta por 10 veces. Ahora presione el muslo contra el abdómen y el pecho y repita 10 veces. Luego extienda la pierna hacia arriba en un ángulo de 45° y equilibre el cuerpo sin agarrarse por medio minuto. Relájese brevemente y repita con la pierna opuesta.

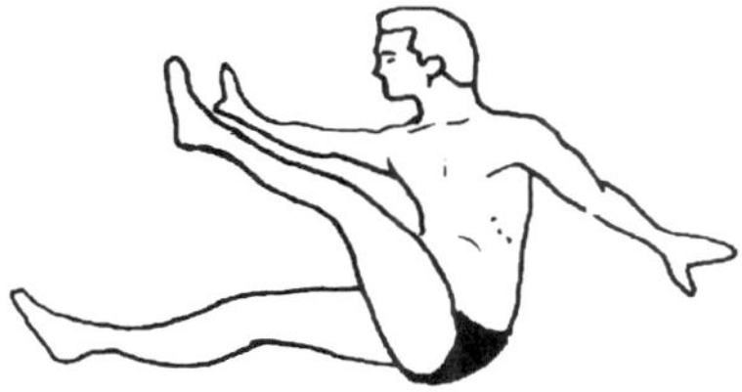

4. Muñecas: Extienda los brazos al frente a la altura de los hombros con las palmas de las manos hacia abajo. Flexione las muñecas hacia arriba y hacia abajo 10 veces. Luego cierre los puños con los pulgares hacia adentro y gire as muñecas 10 veces en el sentido de las manecillas del reloj y 10 veces en sentido contrario.

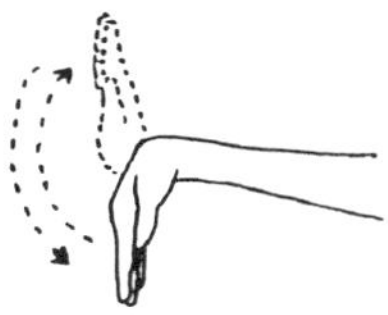

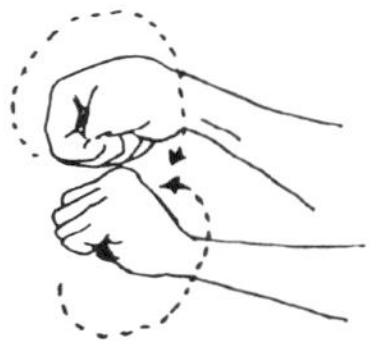

5. Codos: Flexione los brazos y toque sus hombros. Extienda los brazos nuevamente hacia el frente a la altura de los hombros. Repita el ejercicio con ambos brazos.

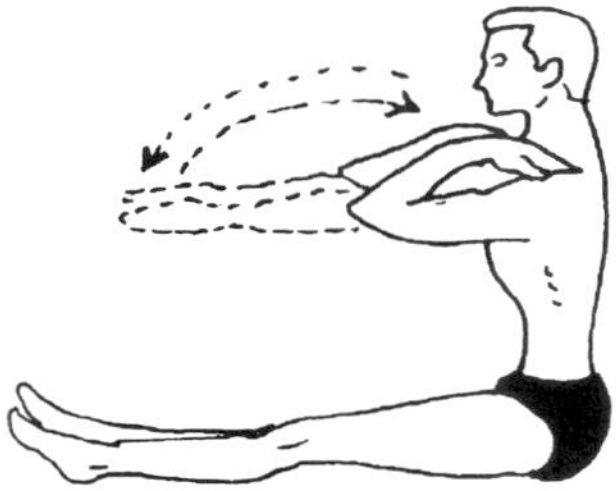

6. Hombros: Toque cada hombro con la mano correspondiente y junte los codos al frente. Gire los hombros ejecutando círculos con los

codos 10 veces en ambas direcciones.

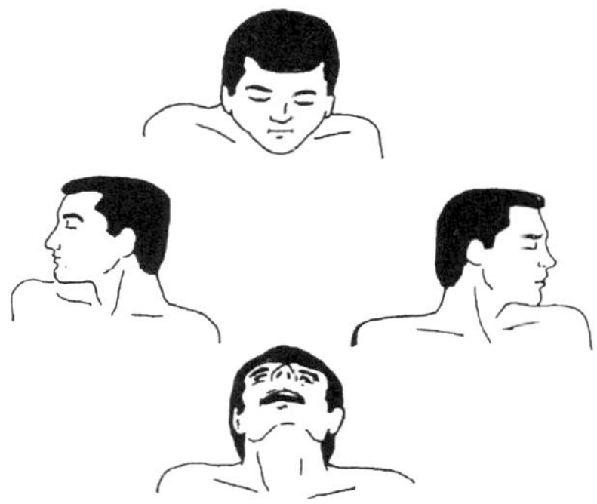

7. Cabeza y Cuello: Mueva su cabeza en círculo. Primero toque su hombro derecho con la barbilla, luego extienda el cuello hacia atrás y gire la cabeza para tocar el hombro izquierdo con la barbilla y termine presionando el pecho con la barbilla. Ejecute el ejercicio 3 veces a la derecha y 3 veces hacia la izquierda.

Segunda Parte

Preparación: Acuéstese en su espalda con los brazos relajados a los lados del cuerpo.

1. Elevación de piernas - *nabhopadáasan*: Lentamente levante la pierna derecha hasta formar un ángulo recto. Apunte hacia el cielo con la punta del pie y sostenga la postura por un minuto. Lentamente baje la pierna y relájese. Repita con la pierna izquierda. Luego repita con ambas piernas. Recuerde ejecutar el ejercicio con lentitud y con perfecto control de sus nervios y músculos.

2. Pedaleo: Eleve la pierna derecha en un ángulo de 90° y mueva la pierna como si pedalease en una bicicleta por 10 repeticiones. Repita con la pierna izquierda y luego con ambas piernas a la vez por lo menos 10 veces en cada serie. Relaje ambas piernas en el suelo después del ejercicio.

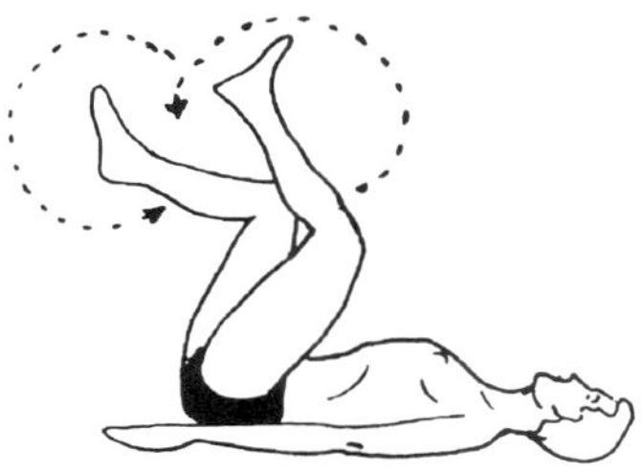

3. Círculos: Levante la pierna derecha y ejecute movimientos circulares 10 veces. Relaje la pierna y repita con la pierna izquierda. Luego repita con ambas piernas 5 veces en el sentido de las agujas del reloj y 5 veces en sentido contrario.

4. *Pawán-mukta*: Levante la pierna derecha en un ángulo de 90° y flexione la rodilla. Con las manos entrelazadas agarre la rodilla derecha, presiónela contra el abdómen y exhale. Levante la cabeza y toque la rodilla con su nariz. Sostenga la postura unos breves segundos, luego inhale y baje la cabeza. Extienda la pierna hacia arriba para bajarla lentamente al suelo. Repita con

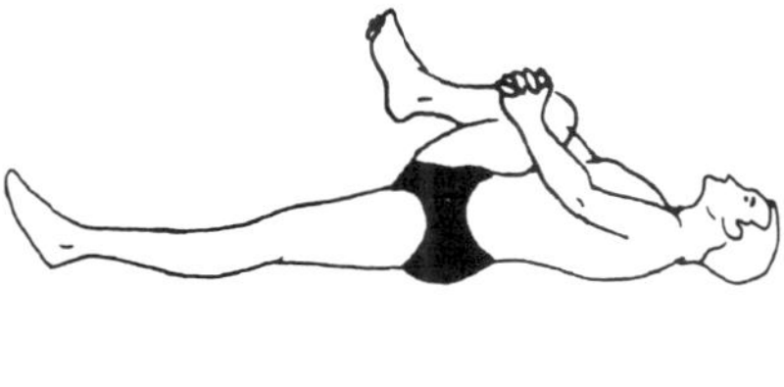

la pierna izquierda y después con ambas piernas.

5. Postura del bote-*naukáasan*: Levante sus piernas 6 pulgadas sobre el suelo y sostenga la postura tanto como pueda 1-2 minutos. Baje las piernas y relájese. Levante la cabeza y los hombros unas 10 pulgadas y sostenga la postura. Baje la-cabeza y relájese. Ahora levante el tronco y las piernas balanceándose en los glúteos mientras estira los brazos a la altura de los hombros y las rodillas. El cuerpo en esta postura se asemeja a un bote. Sostenga la postura unos segundos y baje el cuerpo gradualmente vértebra por vértebra y relájese.

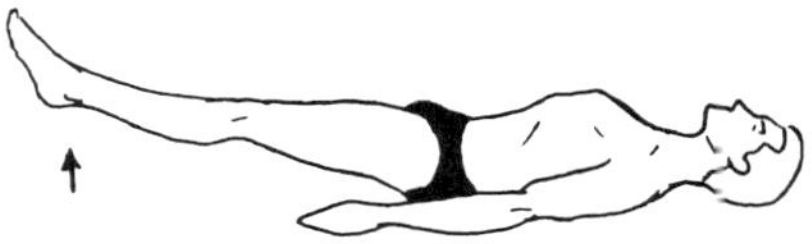

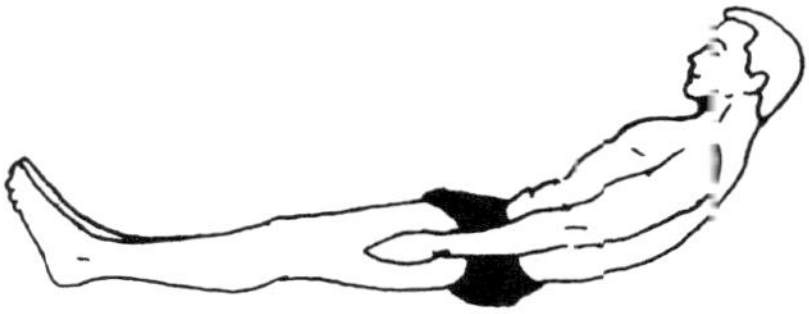

6. Pierna y mano - *athara parivartanáasan*: Levante la pierna derecha 90° Baje la pierna hacia el lado izquierdo hasta tocar el piso. Estire su brazo izquierdo y agarre los dedos del pie izquierdo. Gire la cabeza hacia la derecha y dirija la mirada hacia la mano derecha. Repita el movimiento con la pierna izquierda y luego con ambas

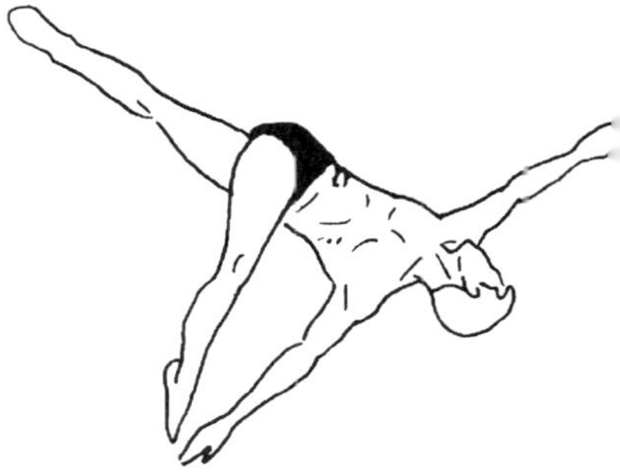

piernas juntas alternando de ambos lados.

7. Pie contra cabeza: Flexione la rodilla derecha y agarre el pie derecho con ambas manos. Tire del pie hacia su cabeza y trate de tocar la frente con la punta del pie. Deshaga la postura y relájese. Repita el movimiento con la otra pierna y luego ejecútelo con las dos piernas juntas. Esta postura y la postura del medio arco, ambas son conocidas con el nombre de postura de Vishnú.

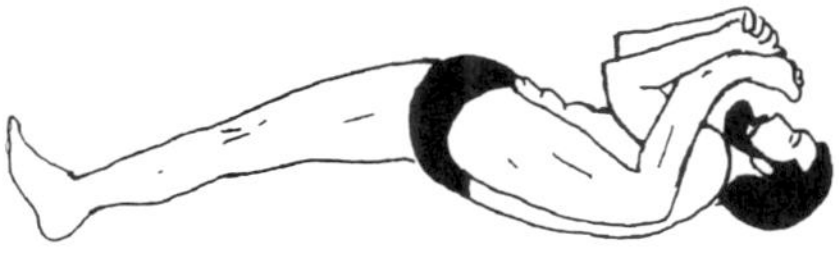

8. *Shaváasan*: Al finalizar esta serie de ejercicios recuéstese en *shaváasan* por 10 minutos.

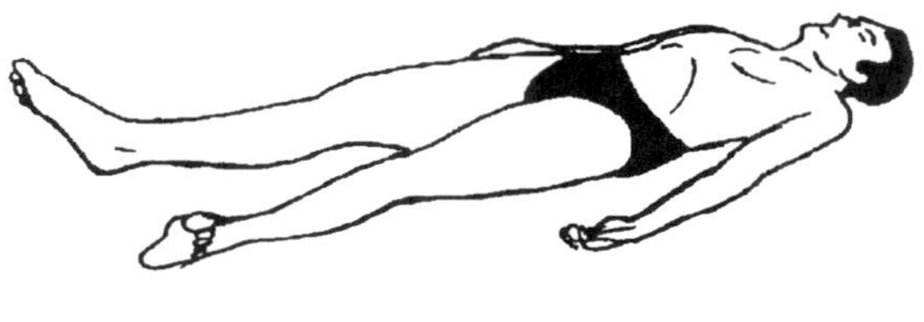

Beneficios: La serie *pawán mukta* aumenta el flujo de energia corporal. Estos ejercicios regularizan el tono muscular, aumentan la resistencia física, eliminan la rigidez de las articulaciones y ayudan a liberar la tensión física y mental. Todos los enfermos en etapa convalesciente pueden recuperar su fortaleza habitual por medio de la practica de *pawán mukta*.

Las vísceras de la cavidad abdominal son suavemente masajeadas. La compresión abdominal estimula el peristaltismo, alivia la distensión gaseosa, mejora la digestión y corrige el estrenimiento.

Luego de haber practicado estos fantásticos ejercicios se experimenta una sensación de bienestar muy gratificante. Rindamos reverencia a la ciencia del yoga.

Chakshuh Vyayama- Gimnasia Ocular

Los ejercicios para los ojos son de gran beneficio fisiológico y sin embargo son frecuentemente omitidos. En la actualidad los oftalmólogos admiten que estas antiquísimas prácticas yógicas pueden mejorar notablemente la agudeza visual.

Técnica: Siéntese en una posición cómoda como la *sukháasan*, con la columna erecta y relájese.

1. Los ojos deben moverse lentamente y sin mover la cabeza. Cada uno de los movimientos descritos a continuación debe repetirse por lo menos cinco veces.

a. Mueva los ojos hacia la derecha manteniendo la cabeza firme. Dirija la mirada lo más lejos que pueda y luego lentamente mueva sus ojos completamente hacia la izquierda.

b. Después de una breve pausa gradualmente mueva sus ojos hacia arriba, sin mover la cabeza vuelva la mirada completamente hacia abajo.

c. Mire diagonalmente hacia arriba y a la derecha, luego dirija la mirada hacia abajo y a la izquierda. Repita los mismos movimientos en sentido contrario. Relájese por unos pocos segundos.

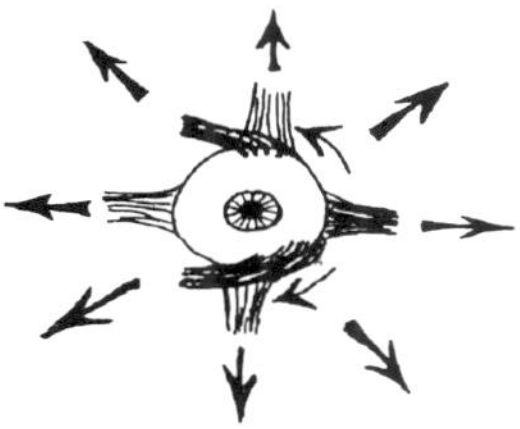

d. Después de la pausa lentamente mueva los ojos con movimientos circulares, primero en el sentido de las manecillas del reloj y luego en sentido contrario.

El diagrama muestra todos los movimientos posibles del ojo derecho y la posición de los músculos oculares.

2. Enfoque: Coloque su mano con el puño cerrado y el pulgar apuntando hacia arriba a la distancia normal de lectura frente a sus ojos. Mire fijamente a la uña del dedo pulgar y luego fije la mirada en un objeto lejano. Enfoque ambos puntos de una manera alternada aproximadamente cinco veces.

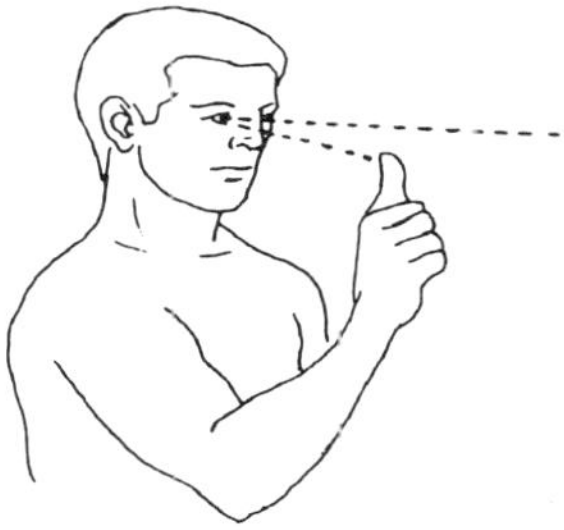

3. Empalme: Después de completar los ejercicios oculares, frótese las manos vigorosamte y suavemente colóquelas sobre los ojos cerrados. Deje que sus ojos y párpados se relajen con este suave masaje a medida que sus manos se deslizan hacia abajo por sus mejillas.

Beneficios: Los movimientos de los ojos tonifican los músculos oculares y liberan la tensión. El enfoque ejercita los músculos ciliares, lo cual mejora la capacidad de acomodación del cristalino. Los defectos de refracción se pueden mejorarcon la práctica regular de estos ejercicios *Chakshuh vyayama* se puede incluir en la sesión de yoga antes de la relajación o de los ejercicios de *pranaayaam*.

C = Córnea
P = Pupila
VH = Humor Vítreo
I = Iris
L = Cristalino
R = Retina
ON = Nervio Óptico
Arrow = Músculo Ciliar

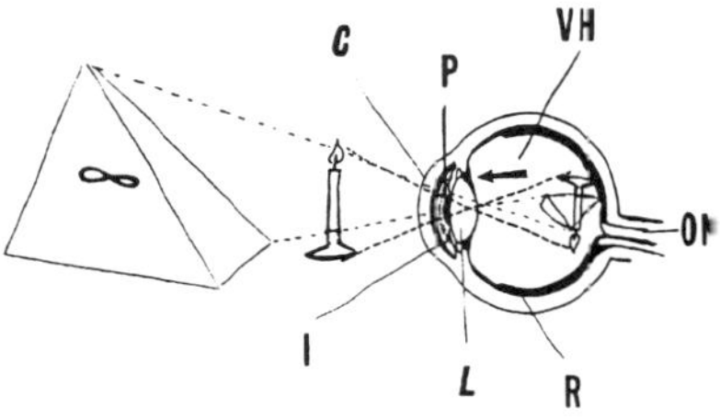

CAPITULO II

Praanaayaam

¿Que es praanaayaam?

El *praanaayaam* no es más que un grupo de técnicas de control respiratorio por medio de las cuales los yoguis logran rejuvenecer todos sus órganos. Estos ejercicios mejoran la capacidad pulmonar para retener oxígeno y purificar la sangre. Como el oxígeno es un medio de transporte de la energía vital o *praana*, el *praanaayaam* por lo tanto, controla el flujo de *praana* en el cuerpo.

El *praana* circula a través de conductos llamados *nadis* (véase el capítulo VII). En la terminología yoga, la Luna es el *nadi idaa* y se origina en la fosa nasal izquierda y el Sol es el *nadi píngala* el cual se origina en la fosa nasal derecha. Existe un tercer conducto central llamado *shushumna* el cual está situado entre el conducto del Sol y de la Luna. Estos términos no se refieren a los astros, es más bien un simbolismo para designar los sistemas internos de circulación de la energía vital.

El yogui que con una determinación firme logra dominar el sendero del Sol y de la Luna, une el flujo energético y lo hace ascender por el *shushumna*, alcanza la iluminación.

Fisiología de la Respiración

La respiración es un acto natural y automático, susceptible de ser modificado por la voluntad. Si aprendemos a respirar de una forma efectiva, podemos mejorar la calidad de nuestra vida.

Para comprender las técnicas de *praanaayaam*, es necesario conocer las tres etapas del ciclo respiratorio:

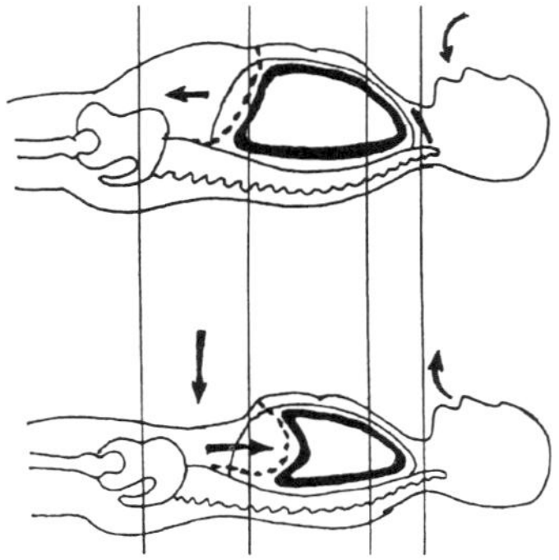

1. **Abdominal.** Esta fase es iniciada por la contracción del diafragma (un músculo en forma de cúpula situado entre el tórax y el abdómen). El diafragma está representado en el diagrama por la línea interrumpida. Con cada contracción el diafragma se aplana y desciende hacia el abdómen empujando los órganos abdominales hacia abajo, lo cual hace el abdómen más protuberante. Este movimiento aumenta el diámetro vertical de la cavidad torácica y el aire penetra en los pulmones por el efecto de succión.

Cuando el diafragma se relaja durante la exhalación adopta de nuevo la forma convexa hacia arriba y presiona las bases de los pulmones forzando la salida del aire.

2. **Costal.** En la etapa costal los músculos intercostales inducen la expansión de las costillas, en consecuencia

aumenta el diámetro horizontal de la caja torácica. Este movimiento permite que se llenen de aire las porciones medias de los pulmones.

3. **Clavicular.** En la etapa final la contracción de los músculos del cuello y de los hombros eleva las clavículas. Esto produce un aumento adicional del diámetro vertical en la parte más alta del tórax, lo que permite la ventilación de los vértices de ambos pulmones. El resultado final de la etapa costal y la torácica es producir la expansión del tórax en todas direcciones.

La contracción del diafragma y la expansión torácica siempre ocurren simultáneamente al respirar, sin embargo la mayoría de las personas respiran muy superficialmente. Casi siempre prevalece uno de estos dos mecanismos. La respiración diafragmática es el tipo predominante en los infantes y en los adultos de sexo masculino. La expansión torácica es el tipo de respiración característico de las mujeres.

La respiración yóguica es la manera más eficiente de respirar. Esta combina las tres etapas descritas en un flujo contínuo hasta que se completan tanto la inhalación como la exhalación. Una inhalación lenta permite una asimilación adecuada de oxígeno; de la misma manera un exhalación lenta luego de la pausa respiratoria permite una mayor eliminación de dióxido de carbono.

Al esforzarnos para hacer una exhalación completa, se produce la contracción de los músculos abdominales, los cuales tiran de las costillas hacia abajo. La contracción a su vez empuja los órganos abdominales y el diafragma hacia arriba, forzando la expulsión del aire residual atrapado en los pulmones. Esta maniobra crea un espacio adicional para que un mayor volúmen de aire fresco penetre en la próxima inhalación. Es aconsejable practicar la respiración completa en *shaváasan*, por ser esta la mejor postura para la relajación y además permite la demostración de los movimientos del diafragma.

No se debe respirar por la boca, lo correcto es respirar por la nariz por las siguientes razones:

1. Los pelos de la nariz filtran las partículas grandes suspendidas en el aire. El polvo y los microbios son atrapados por la secreción mucosa.
2. El aire es humedecido al pasar por los senos paranasales y su temperatura es equilibrada con la del cuerpo antes de que este llegue a los pulmones.
3. La asimilación de praana es más eficaz por las fosas nasales, donde se originan *idaa* y *píngala*.
4. El polvo y los gérmenes que quedaron atrapados en los conductos nasales durante la inspiración son forzados a salir durante la exhalación.

Consejos para la práctica de praanaayaam

1. Siéntese en un de las posturas meditativas con la espalda erecta. Las mejores posturas son: *sukháasan*, *sidháasan*, *padmáasan*, *swastikáasan* y *vajráasan*. Si desea también se puede sentar en una silla con la columna erecta.

2. Mantenga los ojos cerrados durante la práctica de los ejercicios respiratorios.

3. Utilice una habitación bien ventilada y en un ambiente tranquilo. No practique *praanaayaam* al aire libre ni muy cerca de los ríos ni del océano. El lugar no debe ser ventoso.

4. La sesión de *praanaayaam* debe hacerse con el estómago vacío o por lo menos cuatro horas después de haber comido.

5. La mejor hora es temprano por las mañanas, antes del desayuno y luego de la evacuación intestinal.

6. Practique bajo la dirección de un maestro calificado.

7. Use el *mudraa* de Vishnú para tapar las fosas nasales (véase el *mudraa* número 5 en el capítulo III).

8. El *praanaayaam* debe hacerse después de las *áasanas* y antes de la meditación.

9. No existe un límite de edad para estos ejercicios, los cuales son simples y pueden se practicados por los niños, los enfermos y los ancianos.

10. Es importante adquirir un conocimiento básico de fisiología para una mejor comprensión y para lograr una técnica depurada. (véase el apéndice al final de este libro.)

Técnicas de Praanaayaam

La meta principal de todas las técnicas de *praanaayaam* es prolongar la duración de la respiración. Para lograr este objetivo, los movimientos respiratorios deben ser amplios, lentos y coordinados con la pausa respiratoria. Los cuatro movimientos básicos de *praanaayaam* son: *Purak* - inhalación, *antar kumbhak* - pausa inspiratoria, *rechak* - exhalación y *bajir kumbhak* - pausa espiratoria. El *kumbhak* es uno de los aspectos más importantes de estos ejercicios.

Las contracturas o *bandhas*, tales como la de la garganta, del diafragma y la perineal (véase el capítulo III) desempeñan un papel importante en *praanaayaam*. Siempre es conveniente practicar *kumbhak* conjuntamente con el *yalandhar bandh* o contractura del la garganta. Las contracturas abdominal y perineal solo se ejecutan en casos especiales.

Existen muchas clases de *praanaayaamas*. Los textos clásicos describen siete u ocho. Si agrupamos todas las formas conocidas se pueden contar veinte o más ejercicios de *praanaayaam:*

1. *Samvita*
2. *Sajita*
3. *Atirikta*
4. *Kewali*
5. *Kewali kumbhak*
6. *Sukh Purvak*
7. *Nadi shodhan*
8. *Chandrang*
9. *Suryang*
10. *Suryabheda*
11. *Bhramari*
12. *Bhástrika*
13. *Chaturtha*
14. *Uyaii*
15. *Kapaalbhati*
16. *Shitkarí*
17. *Shitalí*
18. *Plavini*
19. *Murcha*
20. *Antah*

En algunos ejercicios, tales como *shitkarí* y *shitalí* se inhala por la boca, lo cual es una excepción a la regla. En estos casos se hace esta recomendación por su efecto refrescante y solo cuando las condiciones ambientales son favorables. Deje que el sentido común le guíe. No es necesario ni tampoco recomendable practicar todos los *praanaayaamas* en una sola sesión.

1. Samvita - Inhalación y Exhalación

Técnica: Ejecute *purak* o inhalación por ambas fosas nasales simultáneamente. Primero llene la cavidad abdominal y luego el tórax hasta que ya no pueda inhalar más. Sostenga la respiración un breve instante y exhale por la nariz. Tanto la inhalación como la exhalación deben ejecutarse con lentitud y de una manera completa. Repita el proceso de diez a quince veces.

Comentario: Este *praanaayaam* es generalmente practicado como una respiración preliminar, estimulante y limpiadora antes de proceder a las prácticas más avanzadas. *Samvita* relaja la mente y el cuerpo.

2. Sajita - Inhalación, Pausa y Exhalación

Técnica: Ejecute *purak* o inhalación y luego haga el *kumbhak* o sea la retención, por tanto tiempo como pueda. Ejecute la retención respiratoria cerrando las fosas nasales con el dedo pulgar y el anular de la mano derecha (*mudraa* de Vishnú). Luego libere el cierre y exhale completamente.

Comentario: No es necesario esforzarse en retener la respiración un tiempo muy prolongado. Con la práctica los pulmones aumentan su flexibilidad y su capacidad de retener la respiración. *Sajita* debe practicarse después de *samvita praanaayaam*. *Samvita*, *sajita* y *sukh purvak* son las bases de los ejercicios de *praanaayaam*. Estos son ejercicios elementales para controlar el «vagabundeo» mental y para estimular los *nadis*.

3. Atirikta - Doble Pausa Respiratoria

Técnica: Comience por la ejecución de *purak* o inhalación seguido por *antar kumbhak* o retención inspiratoria. Sostenga la respiración el tiempo que pueda. Luego ejecute *rechak* o exhalación segida de *bajir kumbhak* o pausa respiratoria en exhalación. En otras palabras inspirar, retener, espirar, retener.

Repita este proceso de una manera lenta y contínua dando igual cantidad de tiempo para cada retención, inhalación y exhalación. No debe usarse ningún esfuerzo indebido para sostener la respiración. Gradualmente su capacidad de retención será mayor y más fácil.

Comentario: *Atirikta* acelera los procesos oxidativos. los pulmones se fortifican y aumenta la capacidad de almacenar una mayor cantidad de oxígeno. El *kumbhak* o pausa respiratoria normalmente ocurre de una manera automática cada vez que de repente se necesita concentración y esfuerzo físico. La pausa respiratoria le da fortaleza al cuerpo, trae calma a la mente y ayuda en la consecución de estados avanzados de la meditación.

4. Kewali - Praanaayaam So-Jan

Kewali en sánskrito significa solo o el único. Se le llama así por ser el único *praanaayaam* que cada persona practica inconscientemente toda la vida.

Técnica: Inhale y exhale de una manera natural mientras mentalmente recita *so* durante la inhalación y *jan* durante la exhalación. Continúe el *ayapa gayaatri* o salmodia mental de *so-jan* sincronizada con el ritmo normal de la respiración por veinte repeticiones.

Comentario: El *kewali* es muy saludable. Su recitación silenciosa conduce a la exploración del subconsciente y laas prácticas espirituales avanzadas.

La repetición constante del *mantra so-jan* (yo soy él) se convierte en *jan-so* o *jansa* (el cisne). *Jansa* es el nombre simbólico del *nadi shushumna* y de *yiwa mukti* o alma individual. El vuelo del cisne representa el ascenso de *yiwa mukti* por el *nadi shushumna*, así mismo la regulación del flujo de *praana* por *idaa* y *píngala* estimula el despertar de *shushumna* y los *chakras*.

5. Kewali Kumbhak - Interrupciones Respiratorias

Técnica: Detenga la respiración brevemente en cualquier etapa que esta se encuentre, ya sea inspiración o espiración. Luego respire normalmente y repita las interrupciones varias veces a intervalos frecuentes y sin ninguna preparación.

Comentario: *Kumbhak* es la pausa respiratoria. *Kewali kumbhak* es la retención de la respiración natural disociada de la inspiración o espiración. Durante su práctica se debe abstraer la mente y concentrarse en el *atman*, su propia alma. La interrupción respiratoria es siempre saludable y favorece el fortalecimiento de la voluntad.

6. Sukh Purvak - Respiración Jovial

Sukh significa feliz o jovial, se le llama jovial por la facilidad de su ejecución y su efecto relajante.

Técnica: Tape la fosa nasal derecha con el pulgar derecho e inhale lentamente por el lado izquierdo hasta llenar los pulmones. Ahora tape la fosa nasal izquierda con el dedo anular. Libere la fosa nasal derecha y exhale completamente. Inhale de nuevo por el lado derecho. Tape la fosa nasal derecha con el pulgar derecho. Libere la fosa izquierda y exhale por el lado izquierdo. El *kumbhak* es breve mientras se cambia la fosa nasal obstruida por el *mudra.* Repita este proceso de diez a quince veces.

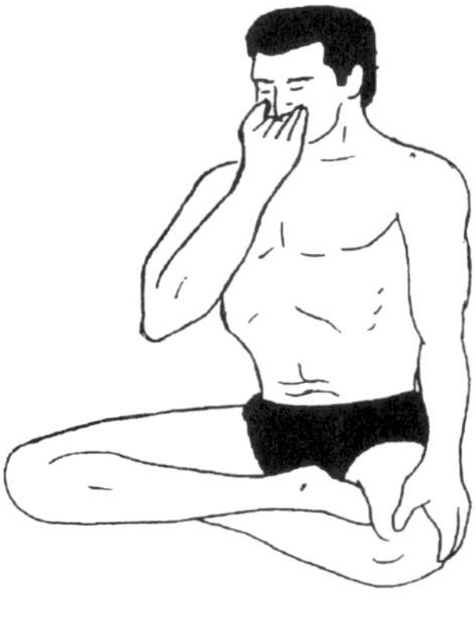

Comentario: La práctica de solamente este *praanaayaam* equilibra el flujo de aire de ambos lados. *Sukh purvak* se recomienda para aquellas personas susceptibles a los catarros y otros trastornos respiratorios. Se debe practicar *sukh purvak* para descongestionar las fosas nasales antes de dormir.

Este ejercicio debe ser practicado por todos los principiantes porque calma la mente y prepara para la introversión.

7. Nadi Shodhan - Purificación de los Nadis

Técnica: Tape la fosa nasal derecha con el pulgar derecho e inhale por el lado izquierdo contando hasta 12 mentalmente. Tape ambas fosas nasales con el pulgar y el dedo anular y retenga la respiración contando hasta 48. Abra la fosa nasal derecha y exhale contando hasta 24. Luego inhale por el lado derecho contando hasta 12. Retenga la respiración contando hasta 48 y exhale del lado izquierdo contando hasta 24. La proporción de inhalación, pausa y exhalación debe ser de 1:4:2. Se recomiendan tres niveles de *nadi shodhan* los cuales se pueden practicar gradualmente:

1) *Kamishta* 12:48:24,

2) *Madhyam* 16:64:32,

3) *Uttan* 20:80:40.

Esta técnica se puede combinar con la práctica espiritual recitando mentalmente *mantras* básicos. En este caso se le llama *sagarbh* y los sonidos son recitados con la inhalación, retención y exhalación respectivamente. Esto se puede simplificar contando *OM*1, *OM*2, *OM*3........ en todas las etapas de la respiración. El *praanaayaam* sin *mantra* se denomina *nigarbh*.

En la variedad *samanu* de *nadi shodhan* se utilizan los *bija mantras* o *mantras* simientes. Se inhala primero por el lado izquierdo y se repite continuamente *yam* o *mantra* del elemento aire durante todo el ciclo respiratorio. En la segunda etapa se recita *ram* el *mantra* del fuego, esta vez comenzando por el lado derecho y se repite *ram* en la inhalación, en la pausa y en la exhalación. En la tercera etapa se inhala por la izquierda mientras se recita *jam*, el *mantra* del elemento éter. Luego se retiene el aire y se recita el *mantra vam* del agua y al final, durante la exhalación derecha se recita *lam*, el *mantra* del elemento tierra.

Comentario: Estos ejercicios cargan los *nadis* con el poder de los *mantras* lo cual confiere más efectividad al *praanaayaam*. El *nadi shodhan* regulariza el pulso, libera las impurezas fortalece los pulmones y permite el control voluntario del sistema nervioso. Por medio de su práctica mejora la salud física, se erradican las tendencias depresivas y se logra la tranquilidad.

8. Chandrang Praanaayaam - Nadi Lunar

Técnica: Inhale por la fosa nasal izquierda contando hasta 12. Retenga la respiración en la inhalación contando hasta 16. Exhale del mismo lado contando hasta 10.

Comentario: La palabra *chandra* significa Luna. La fosa nasal izquierda es conocida como *idaa* o *nadi chandra*. Como la respiración es realizada únicamente del lado izquierdo, a este ejercicio se le llama *chandrang*. Esta técnica es muy buena para aliviar la congestión nasal.

9. Suryang Praanaayaam - Nadi Solar

Técnica: Este *praanaayaam* es similar a *chandran* con la diferencia de que se ejecuta del lado derecho por el *nadi surya* o *píngala*. *Surya* significa Sol.

Comentario: Estos ejercicios son muy efectivos para descongestionar la nariz y los senos paranasales, en los resfriados, la sinusitis y la rinitis alérgica. El flujo de los conductos nasales cambia cada hora y es influenciado por el estado del cuerpo y de la mente. Estas técnicas promueven una respiración normal y saludable.

10. Surya Bheda - Penetración del Nadi Solar

Técnica: Siéntese en *vajráasan* y tome una inhalación profunda por la fosa nasal derecha mientras cierra la fosa nasal izquierda con el dedo anular. Ejecute el *yalandhar bandh* y fije la mirada en el entrecejo (*shambavi mudraa*).

Presione las rodillas con las palmas de las manos manteniendo los brazos rectos y los hombros simétricamente levantados. Después de una cómoda retención del aire, libere el *yalandhar* y exhale por la fosa nasal izquierda. Practique el *surya bheda* tres veces.

Comentario: El *surya bheda* activa el *nadi píngala* . El mismo proceso del lado opuesto se denomina *chandra bedha* o penetración del *nadi* lunar. Las glándulas endocrinas reciben una suave estimulación. La fase de *kumbhak* produce presión en todo el sistema nervioso la cual se extiende hasta el *chakra muladhara* estimulando el *kundalini*. El *surya bheda* también estimula las funciones digestivas y regulariza la eliminación.

11. Bhramari - Respiración Zumbadora

Técnica: Tome una inhalación profunda por ambas fosas nasales. Tape los oidos con los dedos pulgares y exhale por la nariz produciendo un zumbido con sus cuerdas vocales. Repita diez veces concentrandose en la vibración del sonido dentro de su cabeza. La exhalación debe ser prolongada y con un sonido zumbador ininterrumpido.

Comentario: *Bhramari* significa el zumbido de las abejas. Este sonido es extremadamente efectivo para calmar los nervios e inducir la relajación y también para aliviar las afecciones de la garganta. *Bhramari* se aconseja para los cantantes debido a que la vibración sonora refresca la garganta y hace la voz dulce y melodiosa.

12. Bhástrika - El Fuelle

Primera etapa:

Tape la fosa nasal derecha con el dedo pulgar derecho. Inhale y exhale por la fosa nasal izquierda, llamada *nadi chandra*, razón por la cual se le llama *chandrang bhástrika*. El movimiento respiratorio se ejecuta como el movimiento de un fuelle. Solamente el abdómen debe moverse produciendo una inhalación y una exhalación forzada. Repita diez veces y al final inhale profundamente y retenga el aire por veinte segundos y luego exhale lentamente.

Segunda etapa:

A esta etapa se le llama *suryang bhástrika* porque se repite el mismo proceso por la fosa nasal derecha mientras se tapa la fosa nasal izquierda con el dedo anular derecho.

Tercera etapa:

Repita el mismo ejercicio con ambas fosas nasales simultáneamente. Se debe poner el mismo énfasis tanto en la inhalación como en la exhalación. Repita rápidamente por 25 veces. La última inspiración debe ser retenida por 30 segundos o más. Todo el proceso se puede repetir por 10 ó 12 vueltas.

Comentario: Este es un ejercicio muy poderoso el cual debe ejecutarse bajo la dirección de un experto. Los pulmones son vigorosamente ejercitados y por lo tanto proporciona grandes beneficios en casos de asma, bronquitis crónica y aún en la tuberculosis.

Bhástrika genera mucho calor corporal por el gran intercambio de oxígeno y dióxido de carbono. La sangre se purifica más rápidamente y se distribuye mejor por todo el cuerpo.

Este *praanaayaam* no debe ser practicado por pacientes cardíacos. Aquellos con enfermedades pulmonares pueden practicarlo pero siempre bajo la dirección de un instructor calificado.

13. Chaturtha - Respiración Equilibrada

Técnica: El aire se inhala y se exhala por ambas fosas nasales con igual frecuencia y duración. Para asegurarse de medir los tiempos correctamente se puede recitar el *mantra OM* con una frecuencia fija. Salmodie *OM* mentalmente cuatro veces al inhalar y cuatro veces al exhalar.

Comentario: *Chaturtha* es muy simple y natural el cual ocurre automáticamente con la relajación y concentración perfecta. *Chaturtha* equilibra el *praana* y ayuda en el control de la conciencia interior.

14. Uyaii - Respiración Laríngea

Técnica: Retraiga la raiz de la lengua cerca de la garganta como si tratase de bloquear el paso de aire hacia la laringe. Inhale por la nariz a la vez que produce un ligero ronquido con la garganta. El mismo ronquido debe producirse durante la exhalación. Repita de 10 a 12 veces.

Comentario: *Uyaii* es beneficioso para todas las enfermedades de la garganta, de la nariz y de los oidos. Su práctica regular mantiene las cuerdas vocales saludables y la voz se hace melodiosa. *Uyaii* induce la relajación rápidamente lo que permite entrar en estados profundos de meditación. Es quizás por esta razón que este *praanaayaam* se llama *uyaii* lo que significa victorioso.

15. Kapaalbhati - Limpieza del Cráneo

Técnica: Siéntese en una postura meditativa. Luego de una inhalación profunda exhale por la nariz en sucesión rápida hasta que los pulmones estén completamente vacíos. Solamente enfatice la exhalación la cual debe ser forzada. Retraiga el abdómen con energía para poder expulsar la mayor cantidad de aire. Comience con relativa lentitud y aumente la velocidad gradualmente moviendo el vientre como un fuelle unas veinte veces. La inhalación es completamente pasiva. En la última exhalación detenga el movimiento respiratorio con los pulmones vacíos por 30 segundos o más. Relájese un breve instante y repita por tres vueltas.

Kapaalbhati también se puede practicar alternando las fosas nasales tapando cada lado de la nariz con los dedos de la mano derecha (*mudraa* de vishnú). En este caso inhale por la fosa nasal inzquierda y exhale por la derecha. Luego inhale por la fosa nasal derecha y exhale por la izquierda sin apresuramiento. Repita este ejercicio de diez a quince veces y recuerde finalizar con un exhalacion completa. Este *praanaayaam* se puede confundir con *bhástrika* pero ambos son ligeramente diferentes.

Comentario: *Kapaal* significa cabeza y *Bhati* significa fuelle. *Kapaalbhati* estimula el cerebro por el paso de aire fresco por los senos paranasales. Los pulmones, los bronquios, la tráquea y la nariz son descongestionados y las partículas atrapadas en estas estructuras son vigorosamente expulsadas. Por su efecto refrescante sobre el cerebro, se le considera una buena técnica preparatoria para la meditación. Este ejercicio no debe ser practicado por pacientes cardíacos o con pulmones débiles.

Kapaalbhati es a la vez una de las técnicas purificatorias o *shat karmas* por medio de la cual se efectúa la limpieza nasal con agua *(vyutkram)* o con el paso forzado del aire. La variedad aquí descrita se denomina *vaatkram*. *Vaat* significa aire y es por lo tanto un *praanaayaam*.

16. Shitkarí - Inhalación Dental

Técnica: Apriete los dientes firmemente y separe los labios ligeramente sin abrir la boca. Inhale rápidamente succionando el aire a través de los dientes. Después de una inhalación completa junte los labios y exhale por la nariz. Repita de ocho a diez veces.

Comentario: *Shitkarí* produce un efecto refrescante y se recomienda su práctica en los meses de verano.

17. Shitalí - Respiración Refrescante

Técnica: Proyecte la lengua hacia afuera y doble sus bordes hacia arriba como un tubo o el pico de un cuervo. Inhale lentamente por la lengua así enrollada, retenga el aire un breve instante y exhale por la nariz. Practique de diez a quince veces diariamente en el verano.

Comentario: *Shitalí* significa refrescar. Esa sensación refrescante se experimenta por todo el cuerpo y puede aliviar las irritaciones de la garganta. Practique *shitkarí y shitalí* en un ambiente de aire puro. Evite la práctica de estos ejercicios con el estómago lleno o en condiciones de frio o de calor extremos.

18. Plavini - Lavado Con Aire

Técnica: Acuéstese en su espalda y tome una inhalación profunda. Empuje el diafragma hacia abajo inflando el vientre al máximo y retenga la respiración lo más que pueda. Luego exhale de una manera gradual y completa.

Variación: En lugar de inhalar trague el aire en pequeñas cantidades hasta llenar el estómago. Cuando sienta que ya el estómago está lleno, expulse el aire por medio de eructos. Practique de cinco a seis vueltas.

Comentario: *Plavini* aumenta la capacidad vital y fortalece el diafragma. La variación de plavini aquí descrita es como el *kriya vaarisaar dhauti.* (véase el capítulo IV) Por medio de este método se limpia el estómago y se liberan los gases abdominales.

19. Murcha - Mareo Respiratorio

Técnica: Inhale por la nariz, extienda el cuello y deje caer la cabeza suavemente hacia atrás. Fije la mirada en el entrecejo y retenga el aire tanto tiempo como pueda. Luego exhale mientras baja la cabeza lentamente a la posición normal. Practique cinco veces o más hasta que perciba la sensación de mareo.

Comentario: *Murcha* significa mareo. En este *praanaayaam* la concentración de dióxido de carbono aumenta debido a la retención prolongada de la respiración. Esto, combinado con la inercia creada por el movimiento de la cabeza, produce una sensación de mareo. *Murcha* es un método poderoso de abstraer los sentidos y por lo tanto es un buen ejercicio de *pratyajaar.*

20. Antah - Visualización de los Chakras

Técnica: Siéntese en una postura meditativa y cierre sus ojos. Inhale de una manera natural y completa y medite visualizando el desplazamiento de su aliento desde el *chakra muladhara* hasta el *ajna*. Exhale y de nuevo visualice el desplazamiento del aire desde el *chakra ajna* hasta el *muladhara*.

Haga este ejercicio con una concentración completa en *shushumna*, el eje del cuerpo astral. Mantenga la respiración lenta y relajada. Con la ayuda de la respiración y de la energía psíquica, el *praana* se desplaza de abajo hacia arriba y viceversa a través de los siete lotos psíquicos o *chakras*.

Comentario: El *antah* despierta la energía oculta o *kundalini* y promueve la conciencia subliminal. Este es un ejercicio excelente para la introversión y la meditación.

Capítulo III

Mudraas y Bandhas

Gestos y Contracturas Yóguicas

Los *mudras* y los *bandhas* son técnicas cuyos efectos principales son la distribución óptima de la energía vital o *praana* y la activación de los *chakras* o centros energéticos del cuerpo (véase el capítulo VII). Por estos medios, los yoguis experimentados pueden controlar los órganos internos, cuya función ordinariamente es involuntaria y de acuerdo con las escrituras antiguas, se logran los *siddhis* o poderes paranormales. En realidad la palabra *siddhi* significa«perfección». En nuestra opinión, todo adepto bien orientado, en lugar de buscar facultades ocultas, debe dirigir sus esfuerzos a lograr el gran *siddhi* de la perfección espiritual.

En el *«Gherand Samjita»* los *mudraas* y *bandhas* se describen indistintamente como parte de la misma técnica a pesar de que son diferentes. Para mayor claridad, primero describiremos los *bandhas* y luego los *mudraas* por separado.

Bandhas

La palabra *bandh* significa contraer. Durante la ejecución de los *bandhas* se contraen ciertas partes del cuerpo y se detiene la respiración. Su práctica constante permite lograr el control de las funciones involuntarias del cuerpo.

1. Mulbandh- La Contractura Perineal

Siéntese en una postura meditativa. Inhale, luego exhale completamente y detenga la respiración. Contraiga los músculos alrededor del ano y de los genitales, o sea el area perineal. Presione sus rodillas fírmemente con los brazos rectos mientras se concentra en el *chakra muladhara*. *Mulbandh* fortifica la musculatura perineal y por tanto es un buen profiláctico de los prolapsos uterinos, de las vejigas caidas y de las hemorroides. La contracción produce la estimulación psíquica del *chakra* donde reside el *shakti-kundalini*.

2. Uddiian Bandh - La Contracción Abdominal

Siéntese en *vajráasan*, exhale y detenga la respiración con los pulmones vacíos. Contraiga el abdómen retrayendo el ombligo hacia atrás y arriba en dirección de la cavidad de las costillas. Concéntrese en el *chakra manipur*. Retenga el *bandh* por un minuto. El *uddiian* promueve el peristaltismo, la digestión y alivia el estreñimiento. Los órganos abdominales reciben un buen masaje con este *bandh*.

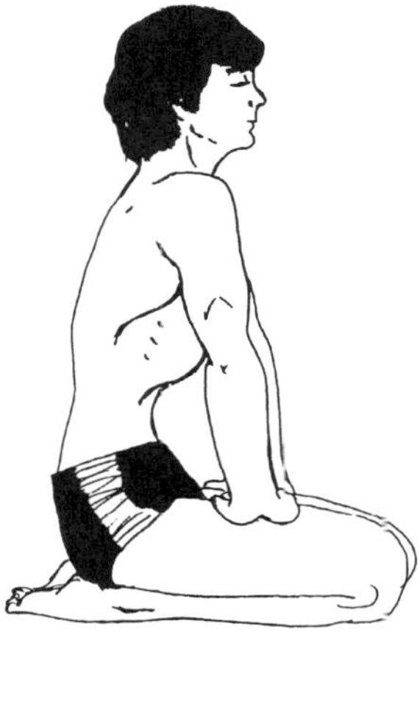

3. Yaalandhar Bandh - La Contracción de la Garganta

Yaalandhar es el nombre de un yogui famoso y también es el nombre de una ciudad en la provincia de Punyab en la India.

Siéntese en *vajráasan*, exhale completamente y detenga la respiración. Presione la barbilla contra el pecho y contraiga la garganta. Con las manos presione las rodillas manteniendo los brazos rectos y los hombros levantados. Sostenga la postura unos instantes mientras se concentra en el *chakra vishudakya*.

El *yaalandhar bandh* masajea la glándula tiroides, vigoriza el músculo cardíaco y tonifica el sistema nervioso autónomo.

4. Majaabandh - La Gran Contractura

El *majaabandh* combina dos *bandhas* lo cual dá orígen al nombre de «la gran contractura». Siéntese en *vajráasan* y ejecute el *mulbandh* junto con el *yaalandhar*. Sostenga la postura y las contracciones en pausa espiratoria tanto tiempo como pueda soportar mientras se concentra en el *chakra vishudakhya*. Luego lentamente libere los *bandhas* y respire de una manera suave y completa.

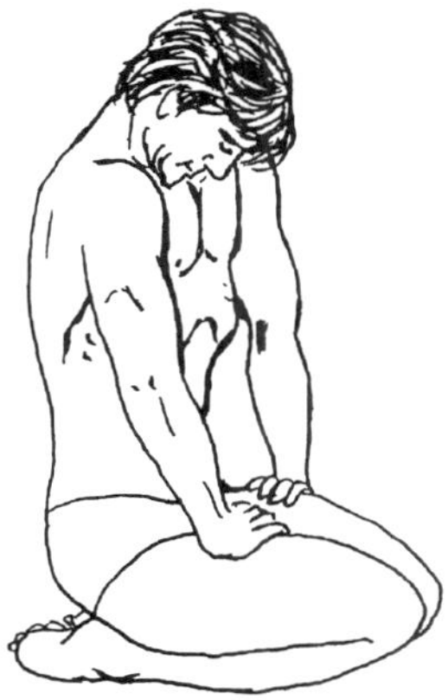

5. Majaavedh - El Gran Penetrador

Majaavedh es la ejecución de *majaabandh* más *uddiian*. Sostenga los tres *bandhas* en la pausa espiratoria (*bajir kumbhak*) y concéntrese en los *chakras muladhar*, *manipur* y *vishudhakhya*. Este *bandh* es muchas veces llamado *mudraa* y otras tantas *tribandháasan*. Es el *bandh* más poderoso en la preparación para la meditación. El *majaavedh* estimula los centros psíquicos, las glándulas endocrinas y a la vez combina los beneficios de los *bandhas* y *praanaayaamas*.

Mudraas

Los *mudraas* son posturas o gestos que se ejecutan ya sea con la cara o *muka mudraas*, con las manos o *hasta mudraas* o con todo el cuerpo o *kaya mudraas*, estos últimos son verdaderas *áasanas*. Los *mudraas* se practican de acuerdo con la polaridad del cuerpo y con la circulación de las energías psíquica y *práanica*. Los *pancha dháarana* corresponden a una categoría diferente, estos son *mudraas* mentales y se mencionan en el capítulo VI.

Todos los *mudraas* se acompañan de la concentración mental y la regulación de la respiración, para producir estados mentales favorables. La palabra *mudraa* significa cerrar. Este término alude al hecho de que en cada postura se produce el cierre de circuitos psicomagnéticos, como cuando se juntan las palmas de las manos o cuando se juntan las puntas de los dedos índice y pulgar.

Como los *mudraas* de las manos son los más conocidos, hemos considerado pertinente exponer aquí el simbolismo místico de los dedos. El dedo pulgar representa la conciencia universal y el índice representa el ego o la conciencia individual. El dedo medio, el anular y el meñique representan las *gunas* o sea las tres cualidades de la creación: la actividad (*raj guna*), la inercia (*tamas guna*) y la pureza (*satwa guna*) respectivamente.

1. Guián Mudraa - El Gesto de la Sabiduría

Este es el *mudraa* de la sabiduría. El *guián* prepara la mente para estados de conciencia elevados y es uno de los mejores *mudraas* para la meditación. Se practica juntando la punta del dedo pulgar con la punta del dedo índice de cada mano. Los demás dedos se dejan suavemente extendidos con el lado palmar hacia arriba, hacia el frente o descansando sobre las rodillas.

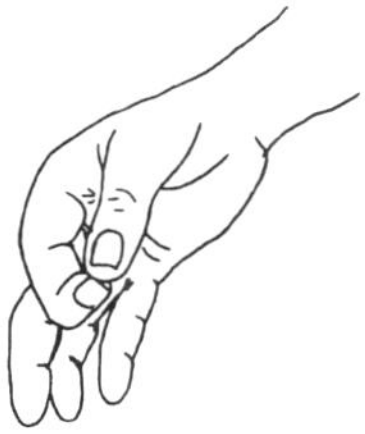

La unión del índice con el pulgar representa el yoga o la unión con lo absoluto. Si la mano en *guián mudra* se coloca hacia abajo con la punta de los dedos tocando el suelo se le llama *bhumisparsha mudraa* y representa la madre tierra y la estabilidad. La mano en *bhumisparsha* cuelga suavemente de la rodilla y los dedos medio, anular y meñique apenas tocan la tierra.

2. Dhyaana Mudraa - El Gesto de la Meditación

Coloque la mano derecha sobre la izquierda y ambas encima del regazo con las palmas volteadas hacia arriba y los pulgares tocándose por sus puntas. El *dhyaana mudraa* como su nombre lo indica es adecuado para la meditación. La posición de las manos representa la tranquilidad y la actitud apropiada para recibir la energía cósmica.

3. Shambhavi Mudraa - Mudraa del «Tercer Ojo»

Dirija la mirada hacia el entrecejo y medite en su propia conciencia. El entrecejo representa el centro de la intuición, razón por la cual se le llama «el tercer ojo». Por medio de este *mudraa* se puede penetrar en el subconsciente y en el mundo espiritual. Si la mirada se dirige a la punta de la nariz se le llama entonces *unmani mudraa.*

4. Namaskar - El Gesto Devocional

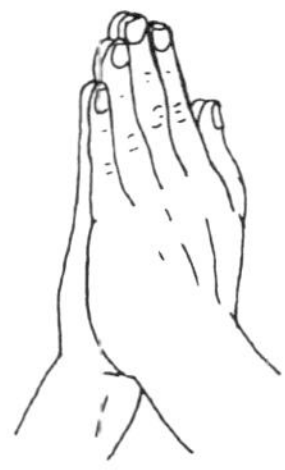

Las manos se juntan por sus palmas con los dedos suavemente extendidos como en el clásico saludo de la India y la actitud devocional de varias religiones. *Namaskar* representa unión y también la elevación del cuerpo y la mente a lo espiritual.

5. Vishnú Mudraa - Mudraa del Praanaayaam

El dedo medio y el índice de la mano derecha se flexionan contra la palma de la mano, mientras el pulgar, el anular y el meñique permanecen extendidos.

Este es el *mudraa* que se usa en ciertos *praanaayaamas.* El pulgar es para cerrar la fosa nasal derecha y el anular para cerrar la izquierda.

6. Nabho Mudraa - Mudraa del Cielo

Para practicar este *mudraa* la punta de la lengua se dirige hacia arriba en dirección al cielo o *nabho*, hasta que toque el paladar. Al mismo tiempo, la mirada se dirige al entrecejo como en el *shambhavi mudraa*. Cuando este *mudraa* se mantiene por varios minutos se produce abundante secreción salival la cual debe tragarse. Este es a la vez un buen ejercicio para el desarrollo de la conciencia.

7. Yoni Mudraa - Unificación de los Sentidos

Este *mudraa* es también conocido con el nombre de *shanmuki*. Siéntese en *sidháasan* o *padmáasan*. Tape sus oidos con los dedos pulgares. Con los índices y los dedos medios tape sus ojos. Con los anulares presione suavemente las fosas nasales y con los meñiques tape la boca.

Inhale y exhale profundamente y ejecute el *mulbandh* mientras detiene la respiración en la pausa espiratoria. Por este medio los sentidos son aislados del medio ambiente y se puede meditar en los *chakras* mientras se percibe el «sonido» interior. El *yoni mudraa* es un buen ejercicio de *prathyajaar*.

8. Majaa Mudraa - La Gran Postura

Siéntese con las piernas extendidas y la columna erecta. Flexione la pierna izquierda y coloque la planta del pie izquierdo contra la parte interna del muslo derecho pró-

ximo a los genitales. Incline el tórax hacia adelante girando por las caderas y manteniendo la columna recta. Extienda los brazos y agarre el dedo mayor del pie derecho con los dedos índice y pulgar de ambas manos. Después de una inhalación profunda, exhale completamente y ejecute *mulbandh*, *yalandhar bandh* y *shambhavi mudraa*.

El *majaa mudraa* fortifica todo el sistema nervioso y alivia muchos padecimientos. Es compatible con todas las edades y todos los tipos constitucionales. Practique el *majaa mudraa* alternando las piernas y sosteniendo la postura tanto tiempo como le sea posible.

9. Tadagui Mudraa - La Laguna

Siéntese en *paschimottanáasan* y contraiga el abdómen después de una exhalación completa como en el *uddiian bandh*. Este es un buen ejercicio abdominal que combina los beneficios de la *paschimottanáasan* y el *uddiian bandh*. El *tadagui mudraa* se puede practicar también descansando sobre la espalda. El abdómen retraido se asemeja al fondo de una laguna. Su ejecución en la posición acostado es lo opuesto del *praanaayaam plavini*.

10. Yoga Mudraa - El Símbolo del Yoga

Siéntese en *padmáasan* con los brazos extendidos atrás de su espalda y con los dedos entrelazados. Flexione el tórax hacia adelante hasta que la frente toque el suelo, al mismo tiempo que eleva sus brazos lo más cerca de la vertical que le sea posible. Sostenga la postura por aproximadamente diez segundos y respire normalmente.

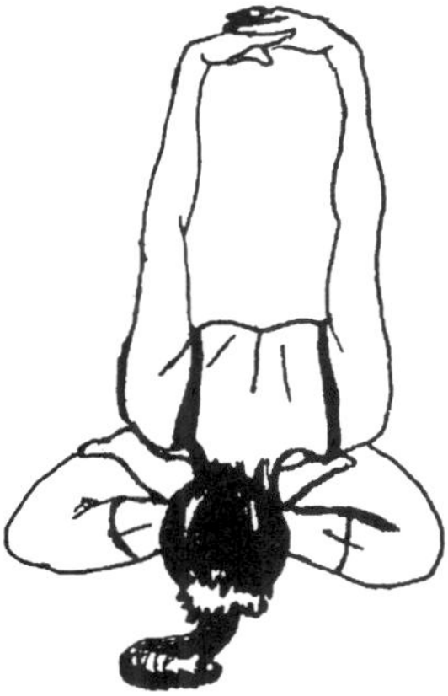

Esta es una postura avanzada que desvía la circulación de la sangre hacia el abdómen, estira la columna vertebral y músculos paravertebrales, expande el tórax y le da un vigoroso masaje a los músculos entre los hombros.

11. Maanduki Mudraa - Ejercicio Lingual

Con la boca cerrada mueva la lengua de un lado a otro simulando los saltos de una rana en un estanque. El *maanduki* estimula las glándulas salivares y los siguientes nervios craneales: Glosofaríngeos, hipoglosos, vagos y trigéminos. La postura del león, también llamada *simha mudraa* produce efectos similares sobre estos nervios.

12. Shakti Chalini Mudraa - El generador de Energía

Siéntese en *siddháasan*. Inhale *praana* por la nariz y júntelo con el *apaana vaayu* o exhalación, por medio de *uddiian bandh* y *mulbandh* mientras medita en el *chakra muladhaa*r. Retenga la respiración unos instantes y ejecute el *aswini mudraa*.

La ejecución de *shakti chalini mudraa* estimula el flujo energético en el *nadi shushumna*, eleva el nivel de concencia y despierta el *kundalini*.

13. Vajroni Mudraa - El Fortificador

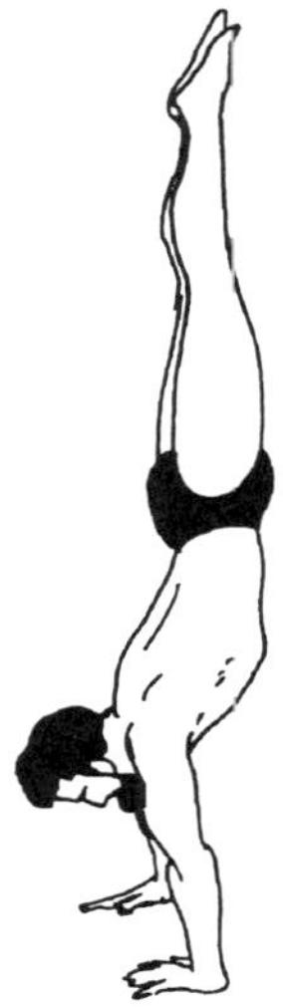

Párese sobre las manos con los brazos extendidos, la cabeza levantada y las piernas extendidas verticalmente en el aire.

La práctica de *vajroni mudraa* regulariza las funciones glandulares y de los plexos nerviosos. Es muy saludable tanto para la mente como para el cuerpo.

14. Kechari Mudraa - Inversión Lingual

Doble la lengua hacia atrás y diríjala contra el paladar blando. En el pasado los yoguis se cortaban el frenillo de la lengua para lograr proyectar la lengua tan hacia afuera que con su punta podían tocarse el entrecejo. Esto no es necesario. Cuando ejecute el *mudraa* fije la mirada en el entrecejo. El *kechari* es una de las técnicas más avanzadas para desarrollar las facultades psíquicas.

15. Vipritkari Mudraa La Postura Invertida

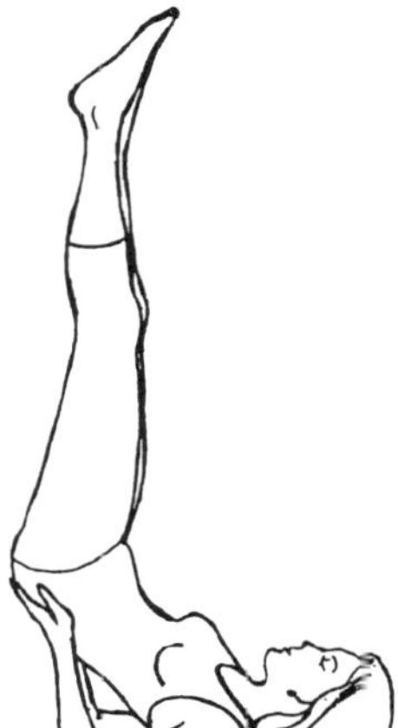

Este *mudraa* se parece a la *sarvangáasan* o postura sobre los hombros y puede considerarse como una variante de esta. Acuéstese sobre su espalda y lentamente levante sus piernas y caderas hasta que el tronco forme un ángulo de 45 grados con el suelo.

Sostenga las caderas con las manos y levante las piernas extendidas verticalmente, mantenga la postura y concéntrese en la región sacra. *Vipritkari* mantiene la vitalidad juvenil y equilibra las secreciones de las glándulas.

16. Pashini Mudraa - El Nudo

A partir de la posición acostado boca arriba, pase sus piernas por detrás de los hombros y la cabeza. Pase sus brazos alrededor de los muslos y agarre ambas manos entrelazando los dedos por detrás de la espalda.

El *pashini* fortalece el cuerpo haciendolo apto para todas las actividades. En algunos textos es llamado *yoganidráasan*, quizás porque las personas muy flexibles parecen estar cómodas en esta postura. La palabra *yoganidráasan* significa «la postura del sueño yoga».

17. Maatanguini Mudraa - Mudra del Elefante

La palabra *maatang* significa elefante. Así como un elefante juega con el agua, el yogui ejecuta el *mudraa.*

Sumerja su cara en el agua hasta el cuello. Absorba agua por la nariz y luego expúlsela por la boca. Repita el ejercicio unas cuantas veces.

Este *mudraa* limpia las fosas nasales y por lo tanto es una variedad de *yal neti karma.* Su práctica es muy beneficiosa para la prevención de la rinitis y las infecciones de las vias respiratorias superiores.

18. Aswini Mudraa - Contracciones del Perineo

Siéntese en *vajráasan* o *padmáasan* y contraiga los músculos perineales varias veces. El *aswini mudraa* se diferencia del *mulbandh*, la contractura perineal, en que en este último solamente hay una sola contracción sostenida durante la pausa espiratoria de la respiración. El *aswini mudraa* alivia el estreñimiento y fortifica los músculos del perineo.

19. Bhuyanguini Mudraa - La Serpiente

Abra su boca manteniendo los labios relajados y ampliamente abiertos, inhale aireando toda la boca. Esto es muy parecido al *plavini praanaayaama*. El aire inhalado se exhala completamente por medio de la práctica del *uddiian bandh*. Este es un ejercicio muy bueno para la prevención de la indigestión y la dispepsia.

20. Kaaki Mudraa - El Pico del Cuervo

Proyecte sus labios hacia adelante dejando una pequeña abertura simulando el pico de un cuervo. Inhale por la boca y luego exhale por la nariz. Repita unas cuantas veces. *Kaaki mudraa* es beneficioso para los procesos digestivos.

Capítulo IV

Shat Karmas

Las Seis Técnicas de Purificación

Los *shat karmas* o técnicas de purificación son brevemente mencionadas en este libro para darlas a conocer a los interesados. Algunas de estas técnicas son muy complicadas o pueden resultar un poco peligrosas a menos que se practiquen bajo la dirección de un maestro.

1. Dhauti - Limpieza Digestiva

Los *dautis* son métodos de limpieza del tubo digestivo que se recomiendan para las personas que padecen de trastornos del esófago, estómago y los intestinos.

a. Vahnisaar Dhauti - Lavado de fuego

Párese con las piernas ligeramente separadas, inclínese y apoye sus manos sobre los muslos. Después de una exhalación detenga la respiración. Retraiga el abdómen hacia adentro hasta casi tocar la columna vertebral. Rápidamente libere la contracción abdominal y de nuevo contraiga y libere en sucesión rápida tantas veces como pueda.

Este *shat karma* ejerce influencia sobre el *chakra manipur*, activa el aparato digestivo y fortalece los músculos abdominales.

b. Vaatsaar Dhauti - Lavado de Aire

Ponga la boca como el pico de un cuervo y «beba» aire hacia su estómago. Mueva el aire en el estómago por medio del *vahnisaar* y luego expulse el aire gradualmente.

c. Vaarisaar Dhauti - Lavado Líquido

Beba una gran cantidad de agua ligeramente salada y practique un grupo de ejercicios especiales (ver *Yoga Syzygy*). Repita un nuevo ciclo de beber el agua y los ejercicios hasta que evacue el contenido de los intestinos. Repita hasta que el agua evacuada esté limpia.

d. Vastra Dhauti - Limpienza con Cinta

Se ejecuta con una cinta de algodón de dos pulgadas de ancho y varios pies de largo. La cinta se traga hasta que desciende al estómago y luego se saca lentamente para que el roce limpie el estómago y el esófago.

e. Vaman Dhauti - Lavado de Estómago

Beba agua ligeramente salada permitiendo el llenado del esófago hasta el cuello. Ponga tres dedos en la garganta para estimular el vómito y descanse por 15 minutos.

2. Basti Karma- Enema Yoga

Sumerja su cuerpo en agua hasta la cintura. Relaje el ano para permitir que entre agua en el recto. Retenga el agua un tiempo razonable para que se efectúe el lavado y luego se evacua en un recipiente sanitario.

3. Neti Karma - Lavado Nasal

Neti consiste en la limpieza nasal por medio del agua (*yal*) o de una cinta (*sutra*). En *yal neti* se absorbe agua salada por la naríz y se expulsa por la boca. También se puede verter agua por un lado de la naríz para que se distribuya en las cavidades nasales y salga por gravedad por la fosa nasal opuesta. En *sutra neti* se utiliza una cinta o cateter de goma N° 4, el cual se inserta por la naríz y se saca por la boca.

4. Loliki Karma - Batido Abdominal

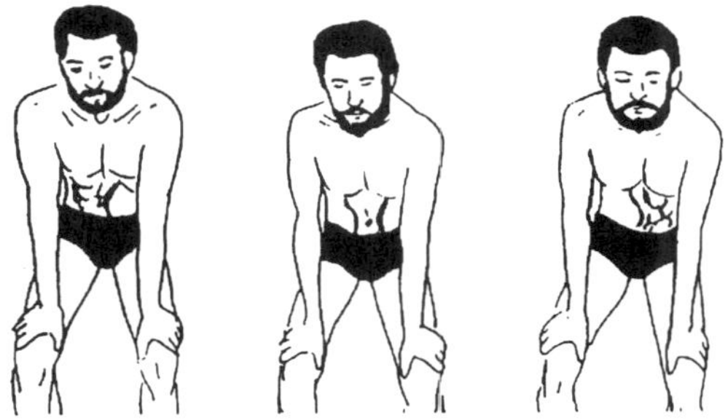

También conocido como *noli kriya*. Esta es una de las prácticas más maravillosas para mantener la salud de los órganos abdominales.

De pie o de rodillas inclínese hacia adelante y coloque las manos sobre los muslos. Vacíe los pulmones y contraiga los músculos abdominales. Con esfuerzo mental contraiga el músculo recto abdominal izquierdo mientras relaja el derecho. Luego contraiga el derecho mientras relaja el izquierdo. Continúe estos movimientos en círculos como un remolino tanto tiempo como pueda soportar en la pausa espiratoria. Después de una breve relajación repita en sentido inverso.

No se debe confundir *loliki* con *vahnisaar dhauti*. En *loliki* la pared abdominal gira alrededor del eje vertical En *vahnisaar dhauti* el abdómen se mueve de atrás hacia adelante.

5. Kapaalbhati - Limpieza del Cráneo

Kapaalbhati como todos los ejercicios respiratorios es parte del *praanaayaam*. *Kapaalbhati* se diferencia de estos en que no incluye la pausa respiratoria. Es parte de las técnicas de purificación porque la espiración forzada limpia los senos paranasales en la cabeza. Su descripción detallada se incluye en el capítulo de *praanaayaamas*.

6. Traatak - Mirada Fija

Siéntese en una postura meditativa. Coloque una vela encendida frente a usted a la altura de los ojos y a dos pies de distancia. Fije la mirada en la llama sin pestañear. Mantenga los ojos bien abiertos tanto como pueda hasta que se le salgan las lágrimas. Practique *traatak* de cinco a diez minutos diariamente.

El *traatak* es una técnica física para cultivar las facultades mentales y espirituales. La técnica descrita es *bajir traatak*. En *antar traatak* la concentración se dirije al interior del cuerpo visualizando los *chakras* mentalmente con los ojos cerrados.

Capítulo V

Técnica de Relajación

Chitan Nidra - Ensoñación en Vigilia

El *chitan nidra* es un método exelente de relajación completa y consciente. Por medio de la relajación se puede penetrar a los estratos invisibles de la personalidad. Se le llama ensoñación en vigilia porque provee un descanso perfecto al cuerpo mientras la mente medita activamente. Este es el arte del «sueño yoga» donde no se le permite a la mente vagar alrededor de hábitos malsanos.

Muy pocas personas saben como dormir bien. Generalmente acuden a la cama con la mente cargada de tensiones. Esta clase de sueño no le dá descanso ni al cuerpo ni a la mente y por esta razón no se sienten descansados al día siguiente. Retirarse a dormir cargados de preocupaciones ni es saludable ni es científico.

El arte de dormir es muy importante en la vida porque modula la mente y el carácter. Por medio de la técnica maravillosa del *chitan nidra*, los requerimientos de sueño se pueden completar con solamente cuatro horas. Con este breve período se puede eliminar el cansancio producido por muchas horas de ardua labor.

Por lo general un ser humano necesita un máximo de ocho horas de sueño. El sueño excesivo indica inercia y la falta de sueño es señal de tensión emocional, ambos son indeseables. Muchas personas no concilian el sueño sin la ayuda de tranquilizantes. Quienes practiquen *chitan nidra* nunca padecerán de insomnio. De la misma manera que el cuerpo descansa durante el sueño, así también la mente necesita descanso. Al dormir la actividad mental es incesante.

Cuando nos retiramos a dormir con la mente cargada de múltiples pensamientos, nos hacemos propensos a las pesadillas. La mente no descansa y no se experimenta el alivio del reposo. Los pensamientos impuros basados en hechos ficticios aparecen durante la noche, inducen el alma a vagar produciendo el cansancio.

Para practicar *chitan nidra* primero acuéstese de espaldas con las piernas ligeramente separadas y los ojos cerrados. Mantenga las manos a los lados del cuerpo con las palmas hacia arriba. Es preferible no usar almohada pués mucha comodidad puede inducir el sueño rápidamente. El *chitan nidra* produce mayores beneficios si se mantiene el estado de vigilia y la mente participa activamente del proceso de la relajación profunda.

Relaje sus extremidades una por una. Comience por los pies, luego las manos y así sucesivamente hasta llegar a la cabeza.

Si comienza por el pie derecho fije su mente en el dedo mayor. Medite en este dedo mientras lo relaja y luego pase al segundo dedo, luego al tercero, al cuarto y por último al quinto. Note la sensación de pesadez y luego pase la conciencia a la planta del pie. Pase ahora al tobillo derecho, la pantorrilla y la rodilla derecha. La sensación de pesadez se sentirá también en estas zonas. Después la extremidad inferior izquierda se trata de la misma forma.

Luego pase a la cintura, a la parte derecha de la espalda y después a la izquierda. Sienta como estas estructuras se relajan completamente. Concéntrese ahora en la palma de la mano derecha y sienta como esta se relaja. Pase al pulgar derecho y de la misma forma a todos los demás dedos uno por uno. Pase a la muñeca y perciba mentalmente como esta se relaja. Luego el codo y después el hombro derecho. Trate de la misma manera la extremidad superior derecha.

Relaje el cuello, la barbilla, las mejillas, los labios, la nariz, los ojos, párpados, entrecejo y orejas. Quienes dominen la concentración en el entrecejo dominan el *chitan nidra*. Mentalmente sienta que toda la cara se relaja.

Baje ahora al centro del pecho y medite en esta zona. Sienta como si todo el cuerpo estuviese sin vida y que usted se mira desde afuera. Esto completa el sueño consciente.

Generalmente muchas personas se duermen antes de completar la cuarta parte del proceso. Si el sueño ocurre al finalizar el ejercicio esto no es del todo indeseable e indica que la persona ha logrado una relajación completa durante la fase de vigilia. Esta técnica maravillosa aporta sus beneficios, sobre todo si se practica antes del sueño fisiológico de la noche.

Alternativamente también se puede practicar relajando primeramente todo el lado derecho del cuerpo de pie a cabeza y luego todo el lado izquierdo. Gradualmente y con la práctica la mente se enfoca en todas las partes del cuerpo de una manera natural y sucesiva. El *chitan nidra* se puede practicar durante el día. Las personas muy ocupadas pueden practicar esta técnica unos cuantos minutos al día en medio de su trabajo.

Otro método de relajación consiste en relajar todo el cuerpo y concentrarse en la respiración. Al inspirar salmodie mentalmente el mantra *OM* o *SO* y repita el *mantra* *OM* o *JAN* al espirar. Combine el *mantra* con la respiración todo el tiempo necesario.

Las personas interesadas en moldear su carácter y deshacerse de malos hábitos se pueden beneficiar del *chitan nidra.* Cuando la mente está relajada se pueden superponer resoluciones positivas. Es realmente sorprendente como los malos hábitos desaparecen con muy poco esfuerzo.

Capítulo VI

Las Etapas de la Meditación

El Núcleo del Yoga

Por medio de la práctica de las *áasanas*, el *praanaayaam*, los *mudraas* y *bandhas* y *shat karmas* el cuerpo se fortalece y se hace resistente a las enfermedades. Un cuerpo saludable está preparado para la meditación. Esta es la meta del *raja yoga* o yoga del control mental. La ciencia de la meditación comprende los cuatro últimos etapas del sendero óctuple o *ashtanga yoga*: *pratyajaar*, *dháarana*, *dhyaana* y *samaadi*.

Es posible disciplinar el cuerpo y la mente por mèdio de la práctica persistente. La meditación es un proceso por medio del cual el aspirante trata de impartir un sentido sublime a sus pensamientos.

En la etapa inicial la mente se aisla de las distracciones externas. La conciencia corporal se desvanece gradualmente. A medida que se progresa en la meditación, se alcanzan niveles de conciencia más profundos y se logra la liberación de los apegos materiales. En la etapa final la mente trasciende todas las limitaciones humanas.

Primera Etapa de la Meditación
Pratyajaar - Control de los Sentidos

Pratyajaar es el control de la mente por medio del aislamiento de los sentidos, o sea la primera etapa de la meditación.

La palabra *pratyajaar* se origina del idioma sánskrito y está compuesta del prefijo negativo *prathi* y de la palabra *ajaar* que significa alimentar. Esta idea se deriva del hecho de que la mente se nutre por medio de los sentidos. En *pratyajaar* a la mente se le enseña a como aislarse pasivamente de los estímulos sensoriales.

Si nos concentramos en nuestras percepciones sensoriales (olor, sonido, sabor, dolor etc.) y aprendemos a aceptarlas con una actitud indiferente, eventualmente la conciencia se aparta del estímulo y deja de reaccionar. Si ignoramos un olor desagradable, un mal sabor o aún el dolor, estos estímulos se neutralizan y la mente deja de sentirse perturbada. Este estado de abstracción es lo que conocemos con el nombre de *pratyajaar*.

«El yogi que tiene la satisfacción de poseer sabiduría, que se mantiene ecuánime frente a todas las circunstancias, que ha dominado los sentidos y para quien el polvo, las piedras y el oro tienen el mismo valor, se dice que ha logrado la experiencia de Dios».

Capítulo VIII. Verso 8. Bhagavad Guita.

El *pratyajaar* se puede practicar en todo momento y no solamente durante el tiempo seleccionado para la meditación. El dominio del *pratyajaar* es el requisito indispensable para poder practicar *dháaranaa*, la segunda etapa de la meditación.

Segunda Etapa de la Meditación

Dháarana - Concentración Profunda

La palabra *dháarana* significa retener y se refiere en este caso a la fijación de la mente en un solo pensamiento. En un sentido filosófico *dháarana* significa conciencia conceptual o sea la capacidad de percibir intuitivamente contrario a la percepción física.

En *dháarana*, la mente se enfoca en el objetivo de la concentración ya sea este imaginario o en un diseño, imágen o sonido y se identifica con este. Cada vez que la mente se distrae se orienta de nuevo al objeto de concentración.

Técnicas de Dháarana:

1. Áasan

El primer paso para meditar con éxito es poder asumir una postura que se pueda sostener cómodamente por un largo tiempo. La estabilidad del cuerpo es muy importante para tranquilizar la mente.

Una columna vertebral erguida le dá libertad al diafragma, mejorando la oxigenación pulmonar y la circulación. La energía psíquica también se desplaza mejor por la médula espinal y por el sistema nervioso autónomo. Siéntese en cualquiera de las posturas meditativas: *padmáasan*, *siddháasan*, *swastikáasan* o *vajráasan*.

2. Praanaayaam

La concentración en la respiración es uno de los métodos más sencillos para controlar la mente. Simplemente concentrese en la respiración controlada o practique cualquiera de las técnicas más avanzadas de *praanaayaam*.

3. Nada Anusadhaan

Aprenda a concentrarse en el sonido interior de su propio cuerpo. Comience por escuchar el murmullo que se percibe cuando tapamos nuestros oidos o practique el *pranava* cántico de *OM*. En la etapa final y en silencio trate de escuchar el sonido interior como medio de concentración. *Nada anusadhaan* significa sonido interior.

4. Mantra Yapa

Yapa significa la repetición de un *mantra*. Esta es una de las mejores maneras de practicar la concentración. El *mantra* es una letra sagrada, una sílaba, una palabra o un verso. Los *mantras* tienen un significado místico muy elevado y promueven la paz interior y la evolución espiritual. *AUM* es el *mantra* más conocido. De acuerdo con los Vedas este es el sonido primordial de la creación. La palabra *AUM* es frecuentemente considerada como equivalente de la palabra Amén de las plegarias cristianas. En sánskrito la pronunciación del sonido *A* y *U* se confunden en el sonido *O* de *OM*.

Este es un sonido natural el cual puede ser articulado durante una exhalación lenta y completa. La energía vibratoria del sonido O se transmite por el tórax y el abdómen estimulando los órganos internos y el sistema nervioso. La vibración del sonido M se transmite por el cráneo masajeando el cerebro, la glándula pineal y la pituitaria.

Practique *yapa* del *mantra OM*, *SO-JAN* (yo soy el), el *ishta mantra* dado por el gurú o un verso favorito de las sagradas escrituras. Recuerde siempre sincronizar la salmodia del *mantra* con la respiración.

En el *baikhari yapa* el *mantra* se pronuncia en voz alta. Cuando el *mantra* se susurra se le llama *upanshu yapa* y en *manasik yapa* el *mantra* se recita mentalmente. Si el *yapa* se practica con un *mala* o rosario, la sensación táctil de la sarta de cuentas ayuda a enfocar la atención.

La práctica de *mantra yapa* y las plegarias de todas las religiones si se realizan con devoción sincera conducen al control mental y a estados de conciencia avanzados.

5. Shunya Sáadhan

Esta técnica consiste en la concentración en un objeto visible. Este puede ser un diseño pictórico como un *yantra* o *mandala*, un cuadro de los lotos psíquicos, la llama de una vela, o la punta encendida de una varita de incienso. La personas de orientación religiosa pueden concentrarse en la imágen de un santo o deidad. En *shunya sáadhan* la concentración se aprende por medio del sentido de la vista. Otras técnicas de naturaleza similar son la contemplación del cielo o mirar su propia imágen en un espejo

6. Fijación Psíquica

Siéntese en una postura meditativa con las manos en *mudraa* y con los ojos cerrados. Imagine un centro luminoso en el entrecejo y fije su atención en este punto. Deje que esta luz imaginaria penetre en el *ajna chakra*. La concentración que se logra con la fijación psíquica en el centro llamado «tercer ojo» es profunda. Esta es una de las técnicas de meditación más poderosas y permite el desarollo de la intuición y la clarividencia.

7. Pancha Dháarana

Panch significa cinco y se refiere a los cinco elementos de la creación, tierra, agua, aire, fuego y éter o espacio. La concentración en los cinco elementos conduce a la identificación con ellos y a la conciencia de las cinco propiedades de la naturaleza o sea sólido, líquido, gas, energía y el vacío. Niveles muy elevados de percepción así como el mundo interior se despiertan con estos métodos. Estas técnicas estan descritas en *Gherand Samjita* entre los *mudraas*. El sabio Gherand considera que estos métodos son actitudes mentales es decir *mudraas* mentales.

«Dejad que el gran yogi practique la forma quíntuple de *dháarana* o concentración en Vishnú, por medio de la cual se obtiene el dominio sobre los cinco elementos y se elimina el temor a ser perjudicados por estos».

Capítulo III. Verso 63. Shiva Samjita

8. Método del Silencio Interior

Esta forma de concentración comprende solamente ejercicios de control de los pensamientos. Se puede practicar el control de la mente simplemente siguiendo el hilo de los pensamientos y observarlos pasivamente. También se puede practicar creando activamente un pensamiento detrás de otro o por medio de eliminación de un pensamiento tan pronto como este se presente.

Otras técnicas incluyen la meditación en los *chakras*, varios métodos de *ayapa yapa* o la recitacion incesante de un *mantra*. Una descripción más detallada de estas técnicas son expuestas en mi libro *Techniques of Meditation to Enhance Mind Power*, publicado en inglés.

Tercera Etapa de la Meditación
Dhyaana - Meditación - Unificación Mental

«Quien educa su mente por la meditación y constantemente se ocupa de la contemplación de lo divino, llega a conocer a Dios».

Capítulo VIII. Verso 8. Bhagavad Guita

La meditación es una función mental que se ejercita encerrando la mente dentro de límites bien definidos. Así todas las energías mentales que se encuentran dispersas son acumuladas para ser utilizadas en el conocimiento del *atman* o el alma. *Dhyaana* o sea la tercera etapa de la meditación es la facultad de sostener la concentración un tiempo prolongado.

Para que el proceso de *dhyaana* pueda realizarse la mente siempre necesita un método para sostenerse. En el *Gherand Samjita* se distinguen tres de estos métodos: *Sthula dhyaana* o meditación en las formas, *jyoti dhyaana* o meditación en la luz y *sukshma dhyaana* o meditación en lo abstracto.

Sthula dhyaana se lleva a cabo por medio de la fijación de la atención en un símbolo, los *chakras*, la imágen del gurú o la imágen de una deidad. Si se medita en los *chakras* es útil imaginar su energía vibratoria en el cuerpo físico. Dirija la energia psiquica hacia el *chakra* seleccionado y mentalmente repita el *bija-akshara* o *mantra* primordial. Se recomienda meditar en cada *chakra* individualmente por lo menos por tres meses y en la etapa final medite en la activación sucesiva de todos ellos en un solo proceso. *Bhakti dhyaana* es otra forma de *sthula dhyan* en la que se medita en la deidad escogida por la persona. Al meditar se debe sentir la presencia de esta divinidad ya sea en el centro del pecho o en el entrecejo.

En *jyoti dhyaana* la mente se fija en la idea de la luz o en la luminosidad del alma o la del mismo Dios. Cuando se medita en una deidad el concepto de esta mayormente depende de los sentimientos, la cultura y las creencias. La meditación en la luz en cambio es más difícil de lograr pero más próxima a la realidad suprema.

«Cuando todas las modificaciones de los pensamientos se suspenden es cuando se es un yogi. Se alcanza el conocimiento de lo indivisible, puro *guián* (gnosis).

Dejad que cada uno se concentre en su propia reflección en el cielo y que se piense en el orígen de la vida. Pensad en el infinito, sin principio ni fin y en su resplandor equivalente a diez millones de Soles y su frescor como de diez millones de Lunas. Por medio de esta clase de contemplación se alcanza el éxito».

Capítulo V. Versos 159-162. Bhagavad Guita.

Suksma dhyaana consiste en la meditación en lo sutil, en nuestra propia alma, tratando de mantener la mente libre de pensamientos. Esta forma de meditación es muy abstracta y es la más difícil de todas. Ejecute el *shambavi mudraa* el cual ayuda a disociar la mente de la conciencia corporal y concéntrese en la obscuridad interior. El proceso de visualización oscila de lo abstracto a lo material. Cuando esto ocurre el pensamiento debe ser intencionalmente llevado a lo abstracto de nuevo. Se considera que la meditación es exitosa cuando esta oscilación de lo abstracto a lo material y de nuevo a lo abstracto se efectúa sin esfuerzo alguno.

Etapa Final de la Meditación
Samaadhi - El Estado Supremo

«Así como la sal disuelta en el agua pasa a formar parte de esta, también el alma y la mente se unifican, esto es lo que llamamos *samaadhi*.

Cuando el *praana* se aligera y la mente queda absorta confundiendose ambos, es lo que llamamos *samaadhi*.

Esta unidad e igualdad del yo y el super yo, cuando todos los apegos y las impresiones pasadas cesan de existir, esto es *samaadhi*».

Capítulo IV. Versos 5-7. Hatha Yoga Pradipika.

Samaadhi es la última etapa del proceso contínuo de la meditación lo cual Patányali llama *sanyama* o el núcleo del yoga. El dominio del *pratyajaar* conduce a *dháarana* la cual una vez perfeccionada se convierte en *dhyaana*. Cuando ya se ha alcanzado el verdadero dominio de *dhyaana* se culmina en *samaadhi* o la identificación con la conciencia cósmica. Este es un estado de bienaventuranza comparable al éxtasis de las personas santas de las diferentes religiones.

La ciencia yoga considera que el alma se encuentra dividida en cinco cuerpos, cada uno correspondiente a un estado de conciencia diferente: 1. *Anamaya kosh* o cuerpo físico, 2. *Praanamaya kosh* o cuerpo astral animado por los *praanas*, 3. *Manomaya kosh* o el volátil cuerpo mental, 4. *Vigyanmaya kosh* o el intelecto, 5. *Anandamaya kosh* o el cuerpo de la bienaventuranza divina. En *samaadhi* todos estos estados de conciencia son penetrados y conocidos.

El estado de *samaadhi* se puede lograr por medio de la práctica de ciertas técnicas. Estas incluyen meditación profunda combinada con *shambavi*, *unmani*, *kechari* o *yoni mudraas* así como también *murcha* y *brahmari praanaaya-*

amas entre otras. Para alcanzar el *samaadhi* es necesario perseverar y practicar con sinceridad *yama*, *niyama*, *áasan*, *praanaayaam*, *pratyajaar*, *dháarana* y *dhyaana*.

Samaadhi es una experiencia privada de las almas superiores. Un verdadero yogi no es un exhibicionista que finge alcanzar ese estado de identificación suprema. Quien ha logrado la autorrealización está conforme con la perfección espiritual y la liberación de los apegos materiales. De esta persona se dice que está en comunión con Dios.

Cuando la mente regresa al estado de conciencia normal se siente con vigor y en posesión de mucha sabiduría. Las virtudes de una persona iluminada espiritualmente de irradian espontáneamente a las demás personas. Alcanzar el estado trascendental de *samaadhi* es la culminación de la *sáadhana* en el sendero dorado del *raja yoga*.

Capítulo VII

¿Que es el Kundalini?

El Cuerpo Astral y los Lotos Psíquicos

La filosofía yoga sustenta el concepto de que el cuerpo humano además de células y tejidos también está compuesto de un cuerpo astral, de naturaleza más sutil, pero que es tan real como el cuerpo físico. Existe también un tercer cuerpo o cuerpo mental el cual es inmaterial y conecta el cuerpo físico y el cuerpo astral. Unidos estos tres cuerpos constituyen el yo individual.

Dentro de estos cuerpos circula una forma de energía vital o *praana* la cual se encuentra diseminada por todo el universo. Esta energía está presente en los fenómenos físicos y químicos y en todos los procesos vitales de los organismos vivientes. La respiración es un vehiculo importante para la circulación de *praana*, el cual se distribuye por unos canales del cuerpo astral llamados *nadis*.

De acuerdo con los yogis en el cuerpo astral existe una red de aproximadamente 72,000 nadis. *Idaa*, *píngala* y *shushumna* son los tres *nadis* más importantes.

El *nadi shushumna* está localizado en la línea media del cuerpo físico y en este corresponde a la médula espinal. El *nadi píngala* o del Sol se origina en la fosa nasal derecha y se extiende en espiral hacia abajo del lado derecho del

Lotos Psíquicos	Chakra	Bija-Mantra	
Brahma Padma	*Sajasraar*	*Ajá*	
Majat Padma	*Ajna*	*Om*	ॐ
Akash Padma	*Vishuddhakhya*	*Jam*	हं
Vaayu Padma	*Anaajat*	*Yam*	यं
Agni padma	*Manipur*	*Ram*	रं
Yala Padma	*Swaadhistháan*	*Vam*	वं
Prithwi Padma	*Mulaadhaar*	*Lam*	लं

shushumna. El *nadi idaa* o de la Luna, tiene las mismas características y mantiene la simetría del lado izquierdo.

Idaa y *píngala* corresponden a las cadenas ganglionares del sistema nervioso simpático y también los nervios parasimpáticos localizados a ambos lados de la columna vertebral.

A todo lo largo del *shushumna*, en los puntos de contacto de *idaa* y *píngala* se encuentran centros energéticos conocidos con el nombre de *chakras*. Esta es una palabra sánskrita que significa «rueda» en alusión a la forma que han sido percibidos por yogis experimentados en estados avanzados de meditación. El estudio y activación por la conciencia de los *chakras* es lo que se conoce como *kundalini* yoga.

Los *chakras* están relacionados con estructuras definidas del cuerpo físico, tales como las glándulas y los plexos nerviosos. Estos dos sistemas fisiológicos controlan desde el metabolismo hasta las emociones, así mismo los *nadis* y los *chakras* llevan a cabo funciones reguladoras en la dimensión astral.

Tradicionalmente se distinguen siete *chakras* principales: 1. *mulaadhaar*, 2. *swaadhistáan*, 3. *manipur*, 4. *anajat*, 5. *vishudhakhya*, 6. *ajna* y 7. *sajasraar*.

Cada uno de los *chakras* está simbólicamente representado por una flor de loto con un número específico de pétalos, un color, una figura geométrica o *yantra*, y uno de los elementos de la materia. Los lotos psíquicos vibran con la energía sonora del *bija-akshara* o *mantra* simiente. El *bija-akshara* es un sonido monosilábico cargado de energía que corresponde con una letra del alfabeto sánskrito. El sonido básico del *bija mantra* está acompañado de la vibración de la letra «m» y se representa por *anusvara*, o sea el punto encima de la letra.

La representación gráfica de los *chakras* puede ser utilizada como *mandala*, para enfocar la atención durante la meditación y para facilitar la activación de los centros psicomagnéticos.

Mulaadhaar

El *mulaadhaar* está localizado en la base de la columna y se relaciona con el esfínter del ano y con los genitales. Su flor de loto tiene cuatro pétalos, su color es amarillo, su *yantra* es el cuadrado y el *bija mantra* es *lam*. Su elemento correspondiente es la tierra o *prithwi*. Este es el *chakra* que controla las funciones de eliminación de los humanos.

Swaadhistháan

El *swaadhistáan* está localizado en la línea media un poco por encima del *mulaadhaar*. Su loto es de seis pétalos. Su color es el blanco, el yantra es un cuarto creciente y *vam* es su *bija mantra*. Su elemento es el factor líquido el cual corresponde al agua o *yal*. El *swaadhistáan* se relaciona con los plexos hipogástricos y controla las funciones sexuales y reproductivas.

Manipur

El *manipur* se localiza en la columna a nivel del ombligo y en relación directa con el plexo solar, las vísceras abdominales y las glándulas suprarrenales. Su loto tiene diez pétalos, su color es el rojo, su *yantra* es el triángulo y su *bija mantra* es *ram*. Este *chakra* controla la energía y corresponde al elemento fuego o *agni*.

Anajat

El *chakra anajat* está en el centro del tórax cerca de la columna vertebral en relación estrecha con la glándula timo y los plexos cardíacos y pulmonares. Su color correspondiente es ahumado o transparente. Su *yantra* consiste de dos triángulos superpuestos en direcciones opuestas formando una estrella de seis puntas igual que el sello de Salomón también conocido como estrella de David.

Su loto tiene doce pétalos y el *bija mantra* es *yam*. Su elemento es el aire o *vaayu*. El *chakra anajat* se relaciona con las funciones respiratorias y circulatorias, así como también con los mecanismos inmunológicos.

Vishudhakhya

El *chakra vishudhakhya* se localiza a nivel de la columna cervical en relación con la laringe, la faringe, la tráquea, la glándula tiroides y las paratiroides. Su color es ahumado, su *yantra* es el círculo, su flor de loto tiene diesciséis pétalos y su *bija mantra* es *jam*. Su elemento correspondiente es de naturaleza muy sutil, es el éter o espacio y se le llama *akash* en sánskrito.

Este es el *chakra* responsable por la palabra hablada, coordina las energías del cuerpo físico, controla los procesos metabólicos y el desarrollo del esqueleto.

Ajna

El *chakra ajna* está en el centro del cráneo a la altura del entrecejo. Se relaciona con el cerebro medio, el tálamo, el hipotálamo y la glándula pituitaria. Esta última es la glándula maestra que controla el crecimiento y las funciones de todas las demás glándulas.

El *ajna* no tiene color, su *yantra* es ovalado, su mantra simiente es *OM* y solo tiene dos pétalos de loto. La localización de *ajna* en el cuerpo astral es en el punto llamado *triveni*, o sea la confluencia de *shushumna*, *idaa* y *píngala*. A este *chakra* se le llama«el tercer ojo» debido a que controla ciertas facultades psíquicas tales como la intuición y el poder de concentración.

Sajasraar

El *sajasraar* se encuentra ubicado en el cerebro por detrás y por encima del *chakra ajna.* Comúnmente se le asocia con la glándula pineal. Su color es el propio de la luz, un color radiante. No se asocia a ninguna figura geométrica y está simbólicamente representado por una flor de loto de mil pétalos, quizás sugiriendo la idea de una gran cantidad de neuronas. *Sajasraar* no se relaciona a ningún elemento de la materia y su *mantra* es *visarg* (:). En este *chakra* reside el control de todos los demás *chakras* y en el se originan las ideas más abstractas.

Kundalini

El término *shakti* o *kundalini* se refiere a la energía psíquica que se encuentra en estado latente en todos los humanos y que puede ser activada por medio de las técnicas de yoga. La energía del *kundalini* es simbólicamente representada por una serpiente enroscada en tres vueltas y media, la cual descansa en el *chakra muladhaar.* Cuando esta energía se activa, asciende por el *nadi shushumna* y produce una sensación de calor lo que explica el término «fuego serpentino». El *kundalini* ha sido asociado con el sistema nervioso autónomo y en especial el parasimpático. El «despertar» o la activación de la energía del *shakti-kundalini* produce en su ascenso la activación de cada uno de los *chakras* despertando varios niveles de conciencia.

La penetración de los *chakras* por el *kundalini* ocurre de una manera sucesiva, comenzando por el *chakra muladhaar* hasta alcanzar el *sajasraar.* Inducir la activación de todos los *chakras* es una tarea muy difícil. Para alcanzar el éxito en la práctica de *kundalini* yoga, se requiere mucha paciencia y perseverancia en la *sáadhana* y un estilo de vida de pureza espiritual.

Capítulo VIII

Yoga Para Los Niños

Consejos Para la Instrucción Infantil

La gimnasia desarrollada por los yogines es tan suave y efectiva que es adecuada para los niños. En la vida moderna la mayoría de los niños pasan muchas horas frente al televisor y no se ejercitan. Las *áasanas* de yoga no solamente promueven un buen desarrollo físico sino que también desarrollan la mente. La disciplina física en este caso sirve como introducción a la disciplina mental.

Durante la niñez, los músculos, los tendones y los ligamentos son bastante elásticos y las articulaciones bastante flexibles como para permitir que los niños adopten la mayoría de las posturas de yoga. Una supervisión cuidadosa es imprescindible para evitar lesiones. El instructor o instructora de yoga debe tener una buena preparación en el yoga tradicional, un conocimiento básico de fisiología y mucho sentido común.

La instrucción en yoga debe ser iniciada en una etapa temprana. Muchos maestros están de acuerdo en que la edad de siete años es la más apropiada. En esta edad ya existe el desarrollo neuromuscular necesario para ejecutar las *áasanas*. Los niños más pequeños obtienen todo el ejercicio que necesitan cada vez que se mueven impulsados por su curiosidad natural y su conducta juguetona. Si un niño pequeño acompaña a un hermano o hermana mayor, se le puede permitir participar de la clase de yoga si espontáneamente así lo desea. La mayoría de los niños no son capaces de manter la atención por mucho tiempo, es por esta razón que la sesión de yoga no debe prolongarse más allá de 45 minutos. Es aconsejable enseñar la esencia de la práctica y evitar exigir la perfección, ya que esto puede inducir la pérdida de interés.

La gimnasia yoga es una experiencia agradable, más aún si los ejercicios se practican en grupo como si se tratase de un juego. La ejecución de las *áasanas* se perfecciona gradualmente a medida que el niño imita al animal, planta u objeto sugerido por el nombre de la *áasana*.

Es posible mantener el regocijo y el orden en la clase si el grupo es pequeño. Si el grupo es numeroso, una persona adicional puede servir de asistente del instructor, uno de los padres puede desempeñar esta función.

La forma correcta de respirar es tan importante como mantener la postura. La enseñanza de la respiración diafragmática es más fácil si se colocan las manos en el abdómen para demostrar los movimientos del diafragma. Los niños más pequeños comprenden mejor si se coloca algún juguete en su abdómen mientras descansan en *shaváasan*. Luego se les solicità que inflen su abdómen como un globo, por medio de una inhalación profunda y se les pide observar como este juguete se mueve hacia arriba. Si se desinfla «el globo», el juguete sobre el abdómen se mueve hacia abajo durante la exhalación.

Los niños pequeños deben permanecer solamente en una postura por dos respiraciones completas. A los niños de más edad se les puede permitir sostener la postura por más tiempo. Todas las posturas presentadas en este capítulo han sido seleccionadas por la belleza de su ejecución y sus grandes beneficios. El nombre en español de cada *áasan* corresponde al nombre sánskrito, con dos excepciones, el cascanueces y la vela. Estos nombres han sido escogidos para agradar la imaginación infantil. Algunas de las *áasanas* son muy simples y pueden ser ejecutadas aún por niños de cinco años de edad. Otras son más complejas y más adecuadas para niños mayores de siete años. Cada una de las *áasanas* está acompañada de un comentario breve. Los detalles de la técnica se ofrecen en la sección de las *yogáasanas*, en el capítulo I.

Principios Generales

1. La instrucción formal se debe iniciar a los siete años de edad.
2. El grupo debe ser pequeño para mantener la disciplina y proveer una supervisión adecuada.
3. El número total de áasanas a ejecutar en cada sesion debe incluir las posturas básicas.
4. La duración de la fase estática de las áasanas debe ser breve.
5. Es importante enseñar la respiración completa en edad temprana para mayor beneficio.
6. Mantenga el interés infantil por medio de la simulación de juegos adaptados a la enseñanza de yoga.
7. Limite la sesión de yoga a no más de 45 minutos.

1. El Loto (padmáasan)

La postura del loto requiere de la flexibilidad de caderas y rodillas, propias de todos los niños. Siempre comience por enseñar «la postura fácil» y luego la de «medio loto». Esta postura es la introducción a las prácticas más avanzadas de control mental. Las piernas cruzadas simulan los pétalos de una flor de loto que flota en las aguas de un estanque

2. El Gallo (kukkutáasan)

Luego de haber logrado el dominio de la postura del loto, se puede balancear el cuerpo en los brazos. Esto le añade dinamismo a la sesión de yoga y le agrada a todos los niños. La postura del gallo fortifica los brazos además de todos los beneficios que proporciona la postura del loto.

3. La Silla (utkatáasan)

La simulación de una silla por medio de la postura, fortifica las piernas y mejora el sentido del equilibrio. Si la postura se ejecuta de una manera repetida y en sucesión rápida sirve también como ejercicio de calentamiento.

4. La Rana (mandukáasan)

La posición de las piernas recuerda las patas traseras de una rana. Los niños pequeños por lo general adoptan esta postura cada vez que juegan en el suelo. La práctica regular de este ejercicio flexibiliza las rodillas y los tobillos. La postura de la rana sirve como preparación para *uttan mandukáasan* y *supta vajráasan*.

5. El León (simjáasan)

La postura del león es uno de los ejercicios de yoga que más entretiene a los niños. Todos los pequeños se divierten cada vez que el grupo ruge como leones. La ejecución de esta *áasan* fortifica las cuerdas vocales, la lengua y la cara.

6. El Pavo Real (mayuráasan)

La posición del cuerpo en la postura, balanceándose sobre los brazos y las piernas extendidas, se asemeja a la hermosa cola de un pavo real. Para su ejecución se requiere fuerza y coordinación y por tanto se recomienda para los niños mayores. A pesar de ser esta una postura difícil, con la práctica todos los niños la pueden dominar.

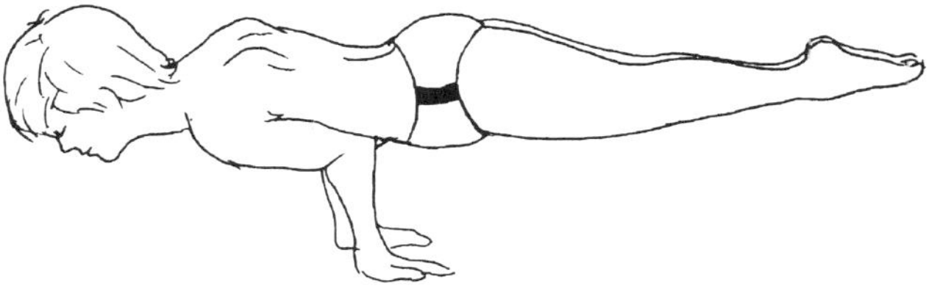

7. El Cascanueces (paschimotanáasan)

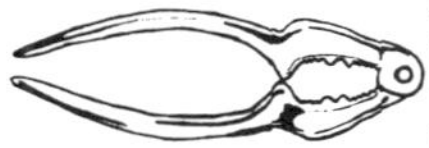

Cuando el cuerpo se estira hacia adelante se produce la flexión de la columna vertebral, lo cual contrarresta los efectos de las posturas de extensión como en «la cobra». La postura del cascanueces prepara el cuerpo para ejercicios más avanzados, tales como la tortuga *(kurmáasan)*.

8. La Cobra (bhuyangáasan)

Por lo general los niños pequeños al levantar la cabeza se empujan con los brazos, lo cual es aceptable en etapas tempranas. La técnica correcta consiste en levantar el tronco y la cabeza con la fuerza de los músculos lumbares. A medida que el niño progresa en la práctica se le enseña a no impulsarse con los brazos.

9. El Saltamontes (shalabáasan)

Este ejercicio fortalece los glúteos y los músculos de la espalda baja. Algunos niños prefieren colocar las manos a los lados de las caderas para tener un buen punto de apoyo. De esta manera el saltamontes está preparado para levantar la cola.

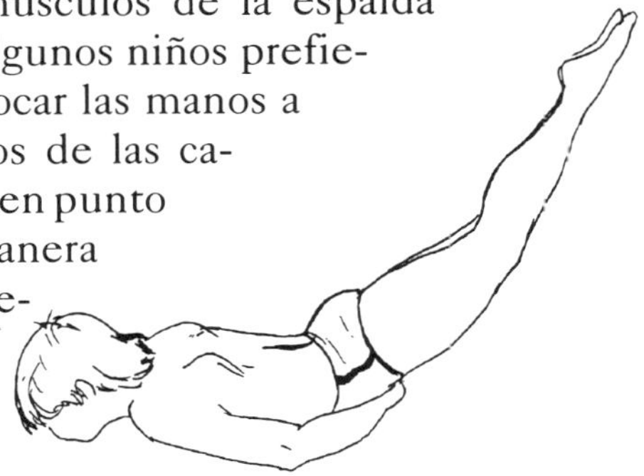

10. La Vela (sarvangáasan)

Levantar el cuerpo apoyandose únicamente sobre los hombros y manteniendo el cuerpo erecto, se asemeja a una vela en un candelabro. Los pies levantados al aire es como la llama de la vela vistos con los ojos de la imaginación. El incremento de la circulación hacia la cabeza es muy beneficiosa para el cerebro en desarrollo.

11. El Arado (haláasan)

Por lo general la postura del arado se practica a continuación de la postura sobre los hombros. *Haláasan* aumenta la flexibilidad de la columna vertebral. Esta es otra postura que los niños aprenden con facilidad.

12. El Pez (matsyáasan)

La postura del pez se ejecuta con las piernas cruzadas en *padmáasan* para simular la cola de un pez. También se puede practicar con las piernas extendidas. Durante la ejecución de la *matsyáasan*, los niños pueden imaginar que son peces nadando y a la vez pueden practicar la retención de la respiración. El pez se debe practicar después de *sarvangáasan* para equilibrar el efecto de ambas posturas.

Otras *áasanas* como la torsión, la rueda, el arquero o la postura sobre la cabeza pueden añadirse a medida que el niño progresa en la práctica. Se debe comenzar por un grupo de *áasanas* sencillas y luego aumentar el número de estas gradualmente cuando se ha logrado un nivel aceptable de perfección. Deje que el sentido común sea su guía.

Recuerde que en la niñez los huesos y ligamentos son delicados y susceptibles de lesionarse. Nunca sobrepase el límite de la tolerancia. Reserve las posturas más complicadas para los niños mayores que ya han practicado yoga por cierto tiempo y ya están preparados para niveles más avanzados de complejidad.

Apéndice

En esta sección presentamos una breve introducción a los aspectos funcionales del cuerpo humano, dedicada a los estudiantes interesados y a todos aquellos que desean ser instructores de yoga.

En la primera parte se enseñan algunas técnicas para flexibilizar las articulaciones y preparar el cuerpo para la ejecución de las *áasanas.*

La segunda parte consiste en un repaso de fisiología del sistema musculoesquelético, las glándulas endocrinas y el sistema nervioso. Un entendimiento claro acerca de los aspectos funcionales del cuerpo humano, es un requisito indispensable para una instrucción adecuada. En la práctica de yoga se recomienda la concentración mental en estructuras anatómicas específicas y es por esta razón que es importante tener algún conocimiento de sus funciones y localización. La fisiología del aparato respiratorio ha sido omitida, por estar bien detallada en el capítulo del *praanaayaama*.

En la tercera parte se introduce al lector en los aspectos terapéuticos de la práctica del yoga a la luz de la medicina moderna. La bibliografía se incluye para beneficio de aquellas personas interesadas en un conocimiento más profundo de este tópico tan fascinante.

Primera Parte - Estiramientos

Un alineamiento adecuado del cuerpo y cierto grado de flexibilidad son necesarios para ejecutar todas las *áasanas*. Esto puede que no sea fácil para los principiantes, pero siguiendo ciertos lineamientos el cuerpo se ajusta gradualmente.

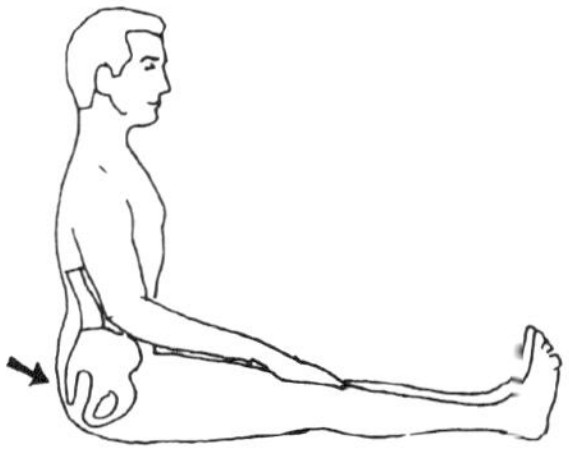

1. Siempre debemos sentarnos en la base de la pelvis, con la columna erecta y bien centralizada. Evite encorvar la espalda e inclinar la pélvis hacia atrás ya que esto causa un mal alineamiento y coloca el peso del cuerpo en el cóccix.

2. Levante el sacro y el cóccix con el movimiento de sus glúteos para balancear la pelvis y permitir el enderezamiento de la columna. Esta acción también facilita el movimiento de pivote a nivel de las caderas para las flexiones frontales como la *paschimotanáasan* y la *kurmáasan*.

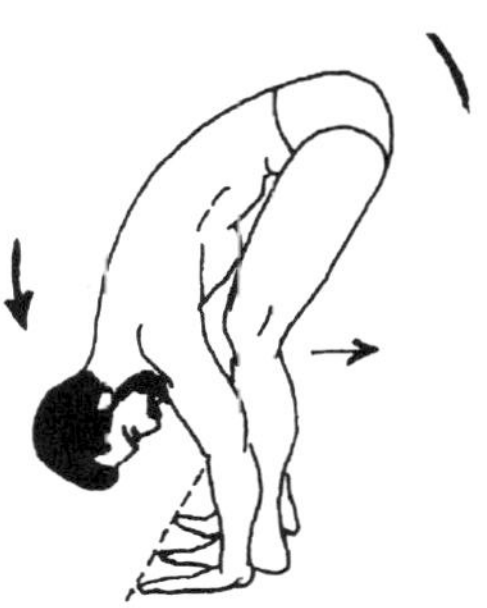

3. Para la *hastapadáasan* o sea la tercera posición de *surya namaskar*, doble ligeramente las rodillas para lograr poner las palmas de las manos en el suelo a ambos lados de los pies. A partir de esta posición eleve los glúteos gradualmente mientras endereza las rodillas de acuerdo con su capacidad. Sostenga esta postura en el estiramiento máximo para

elongar los músculos traseros de los muslos.

4. Para lograr la ejecución de la *ushtráasan*- el camello y la *supta vajráasan*- la postura supina, es necesario practicar ejercicios de estiramientos de los músculos psoas y los músculos delanteros de los muslos, al igual que la extensión de la columna lumbar y de la cadera. Para esto se recomienda el siguiente ejercicio:

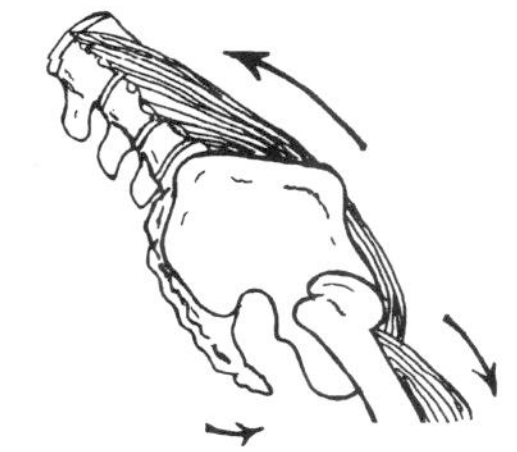

Vista lateral de la pelvis.

Siéntese en *vajráasan* y luego incline su cuerpo hacia atrás para apoyar las manos en el suelo detrás de usted. Ahora eleve las caderas mientras arquea la espalda permitiendo que la cabeza cuelgue libremente y fije la mirada hacia atrás.

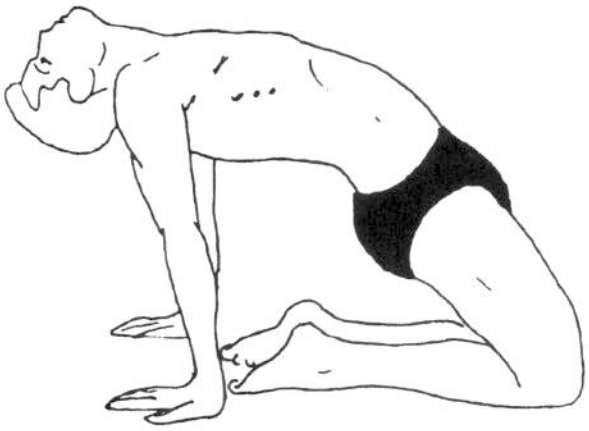

5. Para la *padmáasan* - la postura del loto, se requiere de mucha flexibilidad en las caderas. Los movimientos básicos de estas articulaciones son la flexión, abducción (desplazamiento lateral) y la rotación externa. Practique los siguientes ejercicios:

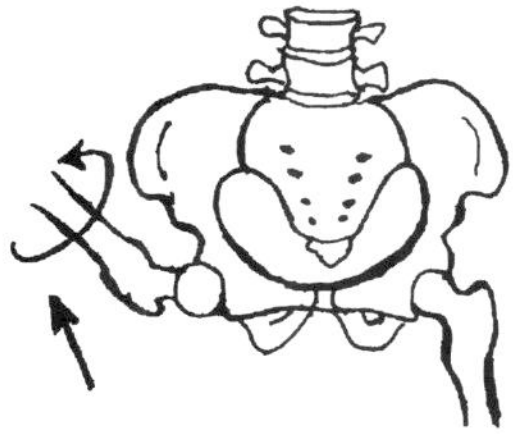

Vista frontal de la pelvis y movimientos de la cadera derecha

Shakti chalini áasan - Esta postura es similar a la que se describe como *garudáasan* el el *Gherand Samjita*. En muchos textos se conoce cómo «la mariposa». Siéntese con las piernas flexionadas de tal manera que los muslos estén ampliamente separados y los pies juntos por sus plantas. Coloque sus manos sobre sus rodillas y empújelas hacia abajo hasta que toquen el piso. Sostenga la postura unos breves instantes y luego repita el movimiento. Este ejercicio mejora la flexibilidad de las caderas y estira los músculos adductores (los que juntan los muslos). A medida que usted progrese en la práctica, acerque los pies al cuerpo gradualmente para lograr mayor flexibilidad.

Ardha padmáasan - La postura en medio loto. En esta postura trate de tocar el suelo con la rodilla por medio de la acción del muslo y la cadera sin empujar con la mano. Evite el movimiento en resorte.

Estiramiento de caderas - Agarre un pie con ambas manos y levántelo hasta el centro del pecho. Mantenga siempre la columna recta. Continúe elevando el pie hasta tocar la frente. Recuerde acercar el pie a su cabeza no la cabeza hacia el pie. Este ejercicio facilita la rotación externa de la cadera necesaria para la ejecución de la *padmáasan*.

6. Para la ejecución de la *supta vajráasan* se requiere la extensión, adducción (mover hacia el centro) y rotación de las caderas asociada con la flexión de las rodillas. Observe

Vista frontal de la pelvis y movimientos de la cadera izquierda.

que los movimientos de caderas necesarios para la ejecución de la *supta vajráasan* son los opuestos de la *padmáasan*.

La flexibilidad necesaria para la extensión y la rotación interna de las caderas en *supta vajráasan* se puede incrementar por medio de la práctica de la *vrisháasan*- la postura del toro. Flexione sus piernas hacia la izquierda. Agarre su tobillo izquierdo con su mano izquierda y tire de la pierna hacia arriba y atrás. Repita el mismo ejercicio del lado opuesto.

7. Para practicar estiramientos para la *matsyendráasan* comience por la *vrisháasan*. Entrelace los dedos de ambas manos detrás de su cabeza y ejecute flexiones laterales de la columna. Trate de tocar la pierna flexionada con el codo correspondiente. El simple hecho de sentarse al lado de las piernas le da cierta rotación a la columna lumbar. La flexión lateral del mismo lado de las piernas, le da un estiramiento adicional a los ligamentos espinales. Repita estos movimientos del lado opuesto.

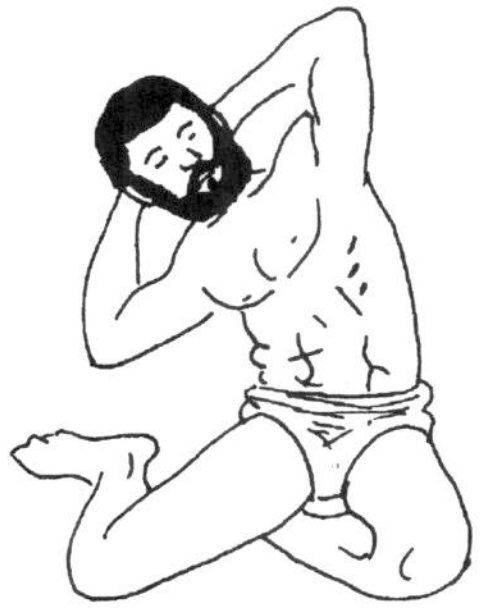

Un segundo ejercicio de estiramiento recomendado para la *matsyendráasan* es el siguiente: Agarre la rodilla derecha con la mano izquierda como se indica en la ilustración. Extienda el brazo derecho hacia el frente a la

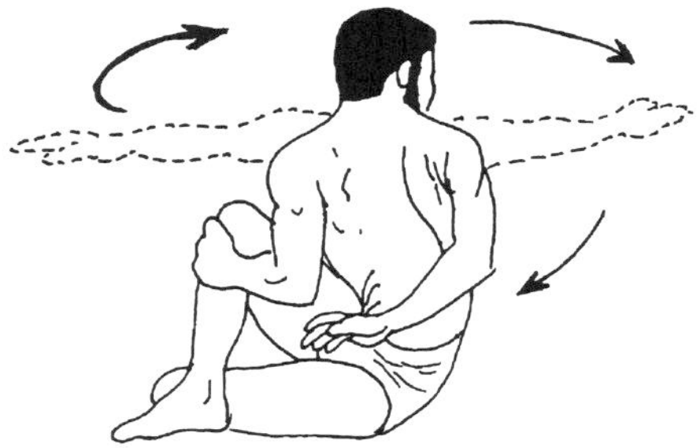

altura del hombro. Ahora gire el brazo lentamente hacia atrás trazando un amplio círculo. Siga el brazo con la mirada a la vez que gira el tronco. Cuando la mano quede fuera del campo visual, pásela alrededor de la de la parte-baja de la espalda hasta tocar el flanco izquierdo y sosten-ga la postura mientras fija la mirada hacia atrás.

Todos los ejercicios de estiramiento recomendados aquí son eficaces para aumentar la flexibilidad y así poder lograr la ejecución de las *áasans*. Recuerde sostener la postura en el estiramiento máximo por lo menos por 30 segundos, para lograr el máximo beneficio.

Segunda Parte - Fisiología

1. El Sistema Musculoesquelético

Los huesos, cartílagos, ligamentos, músculos y tendones son los componentes del sistema musculoesquelético. El esqueleto es el armazón sólido de tejido óseo que le dá sostén y protección al cuerpo. Los huesos además tienen la función de almacenar el calcio. La médula ósea produce los elementos formes de la sangre, es decir los glóbulos rojos, los glóbulos blancos y las plaquetas.

La Columna Vertebral

La columna vertebral es el eje de nuestro cuerpo y está compuesta de 33 vértebras. Cada vértebra está compuesta de un cuerpo sólido y cilíndrico encargado de soportar peso. Las proyecciones óseas de cada vértebra sirven para la inserción de los ligamentos y músculos que mueven la cabeza y la espalda. Todas las vértebras están interconectadas una encima de la otra y sus partes huecas forman un túnel el cual protege la médula espinal.

La flexibilidad y la estabilidad de la columna se debe a sus curvaturas. La curvatura cervical es muy flexible y permite todos los movimientos del cuello. La curvatura torácica le dá soporte a las costillas, las cuales forman la caja torácica encargada de proteger el corazón y los pulmones. La curvatura lumbar es más movible y permite las flexiones anteriores, posteriores, laterales así como también la rotación de la columna. La última curvatura corresponde al sacro y al cóccix. El cóccix se considera como un resíduo embrionario de una cola, es por esta razón que se le llama «el hueso de la cola».

Columna Vertebral

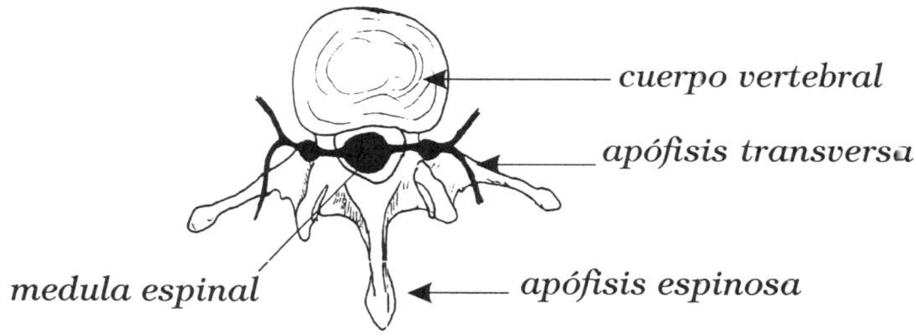

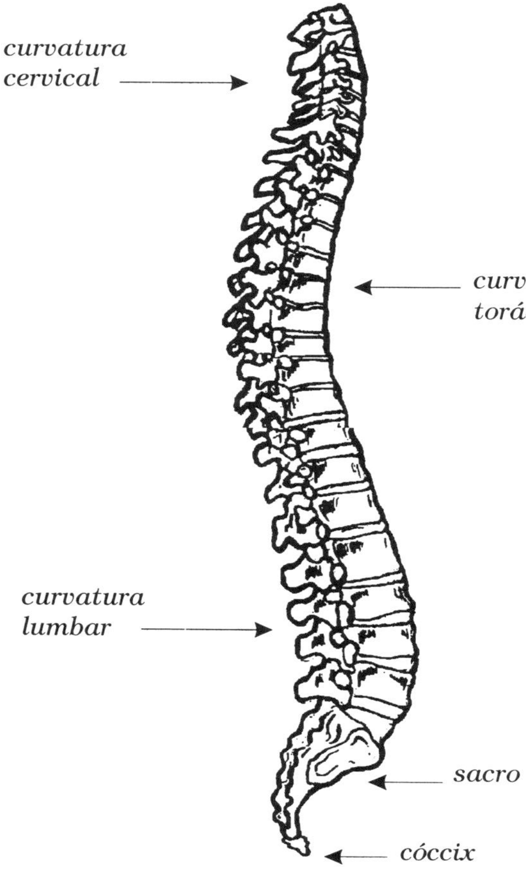

Entre el cuerpo de dos vértebras se encuentra un disco cartilaginoso que hace las veces de amortiguador. La parte central del disco intervertebral es suave y gelatinosa, y su parte periférica es dura y fibrosa. Como los discos intervertebrales carecen de vasos sanguíneos, la distribución de oxígeno dentro de ellos depende enteramente de los movimientos de la columna y de su contenido de agua.

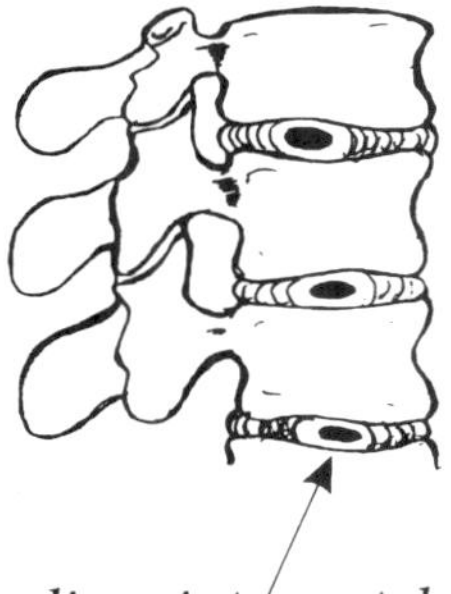

Las Articulaciones

Se le llama articulación a la unión de dos o más huesos y que sirve de punto de movimiento. La unión de las vértebras son articulaciones y son ligeramente movibles. Otras articulaciones son muy movibles y están sujetas a mucha fricción. La superficie articular de los huesos está cubierta de cartílago y el espacio articular está lubricado por el muy viscoso líquido sinovial para minimizar la fricción. Los ligamentos unen los huesos con firmeza , lo cual le dá estabilidad a la articulación. El tejido conectivo de los ligamentos tiene poca elasticidad y a la vez una resistencia natural a las tensiones repentinas. Este es un mecanismo protector para la prevención de lesiones articulares en casos de estiramientos excesivos e inesperados.

Un estiramiento de intensidad moderada el cual se sostiene por cierto tiempo como en los ejercicios de yoga, le permite a las fibras de tejido conectivo de los ligamentos un alargamiento gradual. Por medio de la práctica regular la amplitud de movimiento de la articulación aumenta progresivamente y se conserva la resistencia elástica de los ligamentos.

El Músculo Esquelético

La contracción interactiva de los diferentes grupos musculares produce los movimientos coordinados de nuestro cuerpo. Se le llama contracción isotónica al acortamiento de la longitud del músculo lo cual genera movimiento. En este caso, mientras la fibra muscular se acorta, el grado de tensión permanece igual, de aquí el nombre de contracción isotónica. Este es el tipo de contracción que ocurre cuando se ejecutan los movimientos necesarios para asumir una postura de yoga.

En cambio en la contracción isométrica, el músculo mantiene la misma longitud, no hay movimiento pero la tensión dentro del músculo aumenta. Este es el tipo de contracción necesaria para sostener una postura de yoga en la fase estática. En este caso todos los demás músculos son relajados conscientemente para así conservar energía. La contracción isométrica tiene un efecto fortificador comparable a los ejercicios con resistencia pero de menor intensidad.

Durante la relajación todos los músculos mantienen cierto grado de contracción o tono para que los músculos estén preparados para la acción. En los estados avanzados de relajación y meditación es posible lograr un grado de contracción mucho menor que el tono normal por medio de la voluntad.

Una contracción involuntaria ocurre cada vez que se necesite una respuesta inmediata, como en el caso del acto reflejo de retirar la mano al quemarnos un dedo. De igual manera el reflejo de estiramiento previene lesiones musculares por medio de una contracción inmediata. Si un músculo determinado es estirado repentinamente, una señal nerviosa se transmite a la médula espinal y de ésta de nuevo al músculo; esto causa una contracción instantánea sin la intervención de la voluntad, para proteger el músculo de lesiones por estiramiento repentino. Cada ejercicio de estiramiento ejecutado lenta y gradualmente previene la activación del reflejo de estiramiento. Es por esta razón que los ejercicios de hatha yoga son tan efectivos para aumentar la flexibilidad.

La Dinámica Lumbar Y Abdominal

La curvatura lumbar de la columna se conoce con el nombre de lordosis lumbar. Esta curvatura solamente la presentan los humanos y es la responsable del mantenimiento del centro de gravedad en la estación erecta. La lordosis lumbar además permite los movimientos de la espalda. El segmento lumbar de la columna necesita del sostén que proveen los siguientes grupos musculares:

1. Músculos extensores de la espalda. 2. Los rectos abdominales. 3. Los oblícuos abdominales. 4. El perineo o músculos del piso del abdomen. 5. Los músculos de las caderas.

Los órganos abdominales están protegidos por los músculos que forman las paredes del abdomen. La columna vertebral se mantiene erecta y la pélvis balanceada gracias a la contracción coordinada de los músculos de la espalda y los abdominales. En cada flexión abdominal ocurre la contracción isotónica de la musculatura abdominal en coordinación con la relajación gradual de los músculos de la espalda.

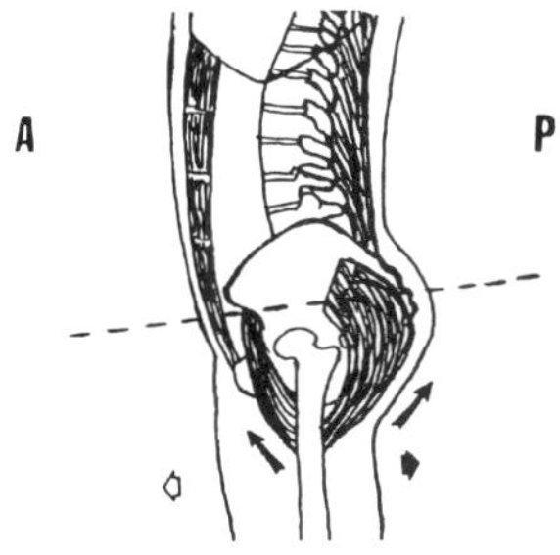

Cada vez que se ejecuta el esfuerzo para levantar una carga pesada, se produce la contracción isométrica de los músculos abdominales y un aumento de la presión hidrostática dentro de la cavidad abdominal. Esta presión se distribuye igualmente en todas direcciones lo cual proveé el sostén necesario para estabilizar la columna lumbar.

La práctica regular de los ejercicios de yoga y una postura correcta garantiza una óptima capacidad funcional de la espalda. Muchas de las posturas clásicas de yoga han sido implementadas en programas de terapia física.

Dolor De Espalda

Una de las causas más frecuentes de ausencia en el trabajo lo es el dolor de espalda. Aproximadamente el 80% de la población general presenta dolor de espalda en algún momento de la vida. Las lesiones de los músculos y ligamentos paraespinales causados por la rotación repentina de la columna, un esfuerzo rápido al levantar un objeto pesado o una combinación de ambos factores es causa común de dolores de espalda.

Entre los factores predisponentes del dolor de espalda tenemos la debilidad de los músculos por la falta de ejercicios, una mala postura habitual y el sobrepeso. El aumento de la curvatura lumbar causado por el embarazo o por la obesidad produce mucha tensión en la espalda baja lo cual produce dolor.

Otras causas de dolores de espalda incluye: la osteoartritis, osteoporosis, escoliosis, hernia de disco intervertebral, tuberculosis de la columna y tumores malignos. Es de vital importancia procurar siempre asistencia médica en estos casos para así poder descartar la existencia de problemas serios. Una vez que se han excluido las dolencias arriba mencionadas, los ejercicios de hatha yoga son la mejor forma de trtamiento para erradicar el dolor de espalda.

2. Los Sistemas De Control

La maravillosa organización de glándulas y el sistema nervioso tiene la función de regular todas las actividades del cuerpo humano. Estos dos sistemas trabajan de una manera sinérgica y se influencian mutuamente para ejecutar el control fisiológico.

A. Las Glándulas Endocrinas

A estas glándulas se les llama endocrinas debido a que el producto de su secreción (hormonas) se vierte directamente dentro del torrente sanguíneo. Las hormonas ejercen su función reguladora en tejidos muy distantes del lugar de su producción y su efecto es lento y duradero.

El Páncreas

El páncreas está localizado en la parte más superior del abdómen y detrás del estómago. Esta glándula produce las enzimas digestivas tripsina, lipasa y amilasa para la digestión de las proteínas, las grasas y los carbohidratos.

La función endocrina del páncreas la lleva a cabo un tipo de células las cuales están organizadas en pequeños grupos llamados Islotes de Langherhans. Estas células segregan insulina y glucagón. La función de la insulina es promover el paso de glucosa hacia el interior de las células para su utilización metabólica. La deficiencia en la producción de insulina es la causa de la diabetes.

El glucagón estimula la degradación de glucógeno (carbohidratos complejos) acumulado en el hígado, también estimula la liberación de glucosa hacia la sangre para satisfacer las demandas de energía en las situaciones de alarma o emergencia.

Las Glándulas Endocrinas

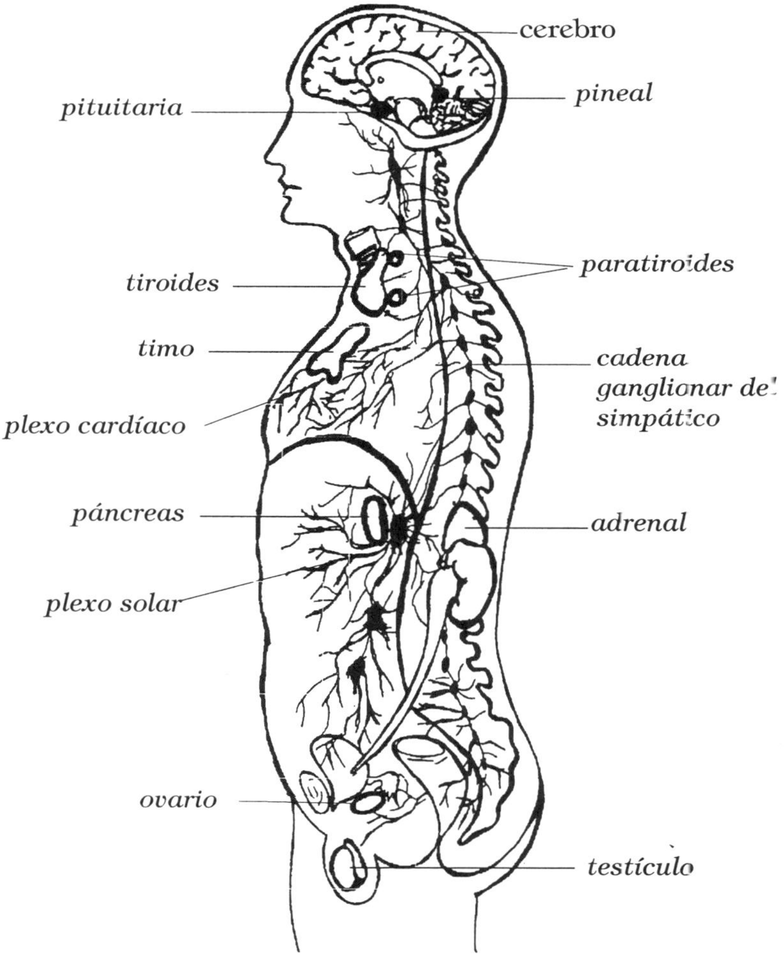

Relaciones del sistema nervioso
y las glándulas endocrinas

Las Gónadas

Se denomina gónada a los testículos en el hombre y a los ovarios en la mujer. Estas glándulas producen los espermatozoides y los óvulos respectivamente así como también las hormonas sexuales. Los testículos segregan testosterona, la hormona responsable del desarrollo de las características sexuales secundarias del varón y también de la maduración del esperma.

Los ovarios segregan estrógeno y progesterona. El estrógeno causa las características femeninas secundarias. La progesterona prepara la cubierta interna de la matriz para la implantación del óvulo fecundado. El desarrollo de las partes secretorias de la glándula mamaria es también función de la progesterona.

Las Glándulas Adrenales

Las adrenales son dos pequeñas glándulas de forma piramidal localizadas sobre el polo superior de cada riñón. Las adrenales están anatómicamente divididas en una capa externa o corteza y una capa interna o médula. La corteza adrenal segrega aldosterona y cortisol. La aldosterona regula la reabsorción de sodio y cloro y controla el balance de agua en el cuerpo. El cortisol influencia el metabolismo del azúcar, las grasas y las proteinas y también reduce la reacción inflamatoria. La corteza adrenal produce pequeñas cantidades de andrógenos, estrógenos y progesterona en ambos sexos.

La médula adrenal produce adrenalina. La liberación de adrenalina en el torrente circulatorio causa la aceleración del pulso, eleva la presión arterial, estimula la respiración, produce la dilatación de los vasos sanguíneos del cerebro y del músculo esquelético. Esta reacción en cadena es de vital importancia para la acción física rápida, como se describe más adelante en la reacción de defensa.

El Timo

El timo está localizado en el centro del tórax, entre los dos pulmones, debajo de la tiroides y detrás del esternón. El timo produce la hormona timosina, la cual promueve la maduración de los T-linfocitos. Estos linfocitos son un tipo especializado de células sanguíneas encargadas de destruir las células invasoras del cuerpo humano. Los T - linfocitos son las células que se infectan en los casos de síndrome de inmunodeficiencia adquirida (SIDA).

La Tiroides

La glándula tiroides se localiza en el cuello debajo de la laringe y sus dos lóbulos se acomodan a ambos lados de la tráquea. La tiroides produce dos hormonas que contienen yodo, estas son la tiroxina y la triyodotironina. Estas dos hormonas causan un aumento de la tasa metabólica, influyen sobre las actividades físicas y mentales, son necesarias para el crecimiento normal y también para el desarrollo sexual. La calcitonina es otra hormona tiroidea la cual regula la deposición de calcio en los huesos.

Las Glándulas Paratiroides

Las paratiroides son cuatro glándulas, cada una del tamaño de un grano de trigo. Estas glándulas se encuentran situadas detrás del tiroides. La hormona paratiroidea regula el metabolismo del calcio y del fósforo. El calcio es de capital importancia en el desarrollo de los huesos y de los dientes, en la contracción muscular, la conducción nerviosa y la coagulación de la sangre.

La Glándula Pituitaria

La glándula pitutaria es aproximadamente del tamaño de un guisante y está suspendida por un pequeño tallo de la superficie inferior del cerebro. Está localizada en una pequeña fosa del hueso esfenoides conocida con el nombre de «silla turca». La glándula pitutaria está dividida en dos partes funcionales, el lóbulo anterior o adenohipófisis y el lóbulo posterior o neurohipófisis.

1. La adenohipófisis produce las siguientes hormonas: hormona de crecimiento (HC) para promover el crecimiento de todos los tejidos. Hormona estimulante del tiroides (HET) encargada de inducir la actividad de la glándula tiroides. Hormona adrenocorticotrópica (HACT) para estimular la corteza suprarrenal. La prolactina para estimular la producción de leche por la glándula mamaria. La hormona foliculoestimulante (HFE) para inducir la maduración de los foliculos ováricos y el desarrollo de las células espermáticas. La hormona luteinizante (HL) causa la ovulación y el desarrollo del cuerpo lúteo el cual produce progesterona y a la vez estimula la secreción de testosterona.

2. Neurohipófisis. El lóbulo posterior de la pituitaria libera la hormona antidiurética (HAD) para la regulación del agua corporal por medio de los riñones. La otra hormona que se almacena en la pitutaria posterior es la oxitocina, la cual causa la contracción del útero y la expulsión de leche por la gládula mamaria.

El Hipotálamo

El hipotálamo es una estructura de tejido nervioso en forma de embudo localizado en la base del cerebro. Su función endocrina consiste en la producción de oxitocina y hormona antidiurética las cuales son almacenadas en la pituitaria posterior. El hipotálamo también regula la actividad de la adenohipófisis o pitutaria anterior.

La Pineal

Esta es una glándula muy diminuta localizada en el centro del cerebro. Los conocimientos acerca de las funciones de la pineal aun son muy limitados. En algunos reptiles inferiores, este órgano corresponde a un vestigio embrionario de un tercer ojo. El filósofo francés René Descartes consideraba que la pineal era el asiento del alma. La pineal produce la hormona melatonina durante las horas de la noche y su función conocida es la regulación del sueño y la vigilia. Otras funciones de la glándula parecen ser la regulación del inicio de la pubertad.

B. El Sistema Nervioso

El sistema nervioso es un circuito muy complejo de neuronas o células nerviosas, células de sostén o glía y de fibras nerviosas. Para facilitar su estudio se le clasifica como sistema nervioso central y periférico. El sistema nervioso central está constituido por el cerebro y la médula espinal. El sistema nervioso periférico está compuesto por la red de neuronas y nervios fuera del cerebro y la médula espinal.

El Cerebro

El cerebro es la masa de tejido nervioso contenida dentro del cráneo. El cerebro está dividido en dos hemisferios, cada uno encargado del control del mismo lado de la cabeza y el lado opuesto del cuerpo. La capa externa del cerebro es la corteza donde se encuentran los circuitos neuronales responsables de las funciones intelectuales, la voluntad y la memoria.

Investigaciones recientes en el campo de la neurofisiología han revelado que los dos hemisferios cerebrales son funcionalmente diferentes. El hemisferio cerebral izquierdo opera por medio de la utilización de símbolos, palabras, matemáticas y lógica; siempre conserva la conciencia del tiempo pero tiende a estar desorientado en el espacio.

El hemisferio derecho procesa el pensamiento abstracto y la apreciación de las artes. En lugar de símbolos utiliza imágenes para la ideación y confía en la intuición y los instintos. No tiene conciencia del tiempo pero siempre está bien orientado en el espacio. La ciencia moderna ha podido demostrar que la meditación aumenta las capacidades del hemisferio cerebral derecho y permite la penetración en el mundo subconsciente.

En las partes más profundas del cerebro se encuentran los centros que controlan la presión arterial, la respiración, la temperatura corporal, el sueño y las emociones tales como el temor, la ira y la reacción de relajación.

El cerebelo o cerebro pequeño, se localiza detrás del cerebro en la parte posterior del cráneo. Su función es controlar la coordinación muscular voluntaria y el sentido del balance.

La médula espinal es una prolongación del cerebro que se extiende hacia abajo dentro de la columna vertebral. Las conexiones nerviosas de la médula permiten la transmisión de señales que controlan el automatismo de la locomoción, los reflejos musculotendinosos y los reflejos viscerales.

Las funciones del cerebro son el resultado de la actividad eléctrica de las neuronas. Esta pequeña cantidad de electricidad es registrada gráficamente como ondas por el electroencefalograma. Cuatro tipos diferentes de ondas son claramente relacionados con varios tipos de estados de conciencia:

Las ondas Beta son oscilaciones de aproximadamente 14 ciclos por segundo. Este es el ritmo asociado con los procesos mentales activos durante el estado de vigilia.

Las ondas Alfa presentan de 8 a 13 ciclos por segundo. Este es el ritmo del estado de relajación y se le asocia con una sensación de bienestar y tranquilidad psíquica. El estado Alfa puede ser evocado y controlado con la voluntad con el entrenamiento adecuado. El simple hecho de cerrar los párpados y dirigir los ojos hacia el entrecejo (*shambhavi mudraa*) asi como también la retención respiratoria en *praanaayaam* inducen la producción de ondas Alfa de una manera automática.

Las ondas Theta oscilan con una frecuencia de 4 a 7 ciclos por segundo. Estas son las ondas asociadas con el periodo de somnolencia que precede al sueño. Las ondas Theta pueden ocurrir en los estados profundos de meditación, durante el sueño y cuando se exalta la creatividad. Las ondas delta son oscilaciones de 1 a 3 ciclos por segundo las cuales se registran durante el sueño profundo.

Los meditadores que en condiciones experimentales generan ondas Theta, reportan una toma de concocimiento del subconsciente mientras mantienen la conciencia en vigilia. En situaciones como estas refieren la experiencia de una sensación de bienaventuranza que se puede considerar aproximada al concepto de *samaadhi*.

Los ritmos de las ondas cerebrales son muy dinámicos y se modifican de acuerdo a los cambios de la actividad mental. El registro electroencefalográfico es utilizado en medicina en el diagnóstico de tumores cerebrales, traumas craneanos, psicosis mayores, epilepsia y como método de biofeedback.

El Sistema Nervioso Periférico

El sistema nervioso periférico se divide en sistema somático y autónomo. Su función primordial es transmitir las señales nerviosas por todo el cuerpo. El sistema somático es el responsable del control de las relaciones del cuerpo con el medio ambiente. Su componente sensorial se encarga de llevar los impulsos nerviosos que se originan en los órganos de los sentidos hacia el cerebro. El componente motor controla el músculo esquelético y por tanto la mobilidad corporal.

El sistema nervioso autónomo controla las funciones de la vida vegetativa, tales como la respiración, la digestión, la circulación la secreción glandular. Este sistema se subdivide en sistema nervioso simpático y parasimpático. Las fibras nerviosas del sistema simpático se originan en la médula espinal y se conectan con dos cadenas de ganglios nerviosos alineados en ambos lados de la columna vertebral. El sistema nervioso parasimpático está compuesto por las fibras de algunos de los nervios craneales y los nervios de la región sacra. El nervio vago (errrante) es el componente más importante del sistema parasimpático. Los nervios se originan en el tallo cerebral y se extienden hacia abajo a través del tórax y el abdómen, enviando sus ramas a las vísceras torácicas y abdominales.

Los nervios del sistema simpático y parasimpático forman redes o plexos que sirven como estaciones de relevo de las señales nerviosas para ejercer su función reguladora sobre los órganos, las glándulas y los vasos sanguíneos. Muchos órganos están controlados de una manera sinérgica por estos dos sistemas; cada vez que el sistema simpático estimula un órgano, el parasimpático lo inhibe o viceversa. En otros órganos, la función reguladora la lleva a cabo solamente uno de los dos sistemas.

Por lo general, el sistema simpático prepara el cuerpo para la acción rápida, como en el caso de la reacción de alarma. El sistema parasimpático, por otra parte, mayormente se ocupa del control de la reacción de relajación.

La cadena ganglionar simpática y los nervios parasimpáticos de lado izquierdo parencen corresponder al *nadi idaa*, así mismo los del lado derecho corressponden al *nadi píngala* de la literatura yoga. La distribución de estos dos sistemas es simétrica de ambos lados.

La Reacción de Defensa

Cada vez que nos enfrentamos ante una emergencia, cuando una respuesta inmediata es necesaria para la autopreservación, ocurren en nuestro cuerpo un grupo de reacciones automáticas. El hipotálamo libera un factor hormonal el cual estimula la pituitaria a que produzca HACT y esta hormona a su vez activa la producción de cortisol por la corteza suprarrenal. El cortisol causa la elevación de los niveles sanguíneos de glucosa, siendo este azúcar una fuente de energía para la contracción muscular.

De una manera similar, la activación del hipotálamo en presencia de un peligro, causa la descarga masiva de señales nerviosas que excitan el sistema nervioso simpático y la médula adrenal. Esto induce la liberación inmediata de adrenalina. El efecto de esta hormona así como también el efecto directo de la estimulación por el simpático produce una aceleración del ritmo cardíaco, elevación de la tensión arterial, aumenta el flujo de sangre hacia los músculos, aumenta la fuerza muscular, se incrementa la sudoración y se dilatan las pupilas. Los cambios fisiológicos aquí señalados, ocurren de una manera rápida y simultánea. Esto es lo que se conoce con el nombre de reacción de estrés o reacción de defensa. La estimulación nerviosa y glandular prepara el cuerpo para enfrentarse eficazmente a la situación de urgencia o para huir velozmente del peligro.

Si la tensión es prolongada, como es el caso de las múltiples demandas de la vida civilizada, este mecanismo protector se torna perjudicial y puede precipitar ciertas enfermedades relacionadas con el estrés, tales como la hipertensión, los infartos, las úlceras pépticas, el asma, el síndrome del cólon irritable y la migraña por solo mencionar algunas.

Por medio de la práctica sistemática de la relajación y la meditación se puede lograr tanto el equilibrio físico como el equilibrio mental. La sensación de paz y tranquilidad que se obtiene, no es solamente una reacción psicológica. También ocurren cambios inversos a los descritos anteriormente. Durante la reacción de relajación la actividad del sistema nervioso simpático se reduce considerablemente y todas las hormonas del estrés disminuyen. Esto produce en consecuencia cambios fisiológicos específicos, los cuales describiremos en la próxima sección.

Tercera Parte - Beneficios

La Relajación Y Sus Efectos Fisiológicos

Las antiguas técnicas de relajación y meditación, conocidas por los yoguis, han sido redescubiertas por los occidentales en épocas recientes.

El método de la visualización fué utilizado por primera vez con fines terapéuticos por un farmacéutico francés llamado Emile Coué. El proponía que por medio de la autosugestión era posible curar muchas enfermedades y su método fué muy popular en toda Europa a principios de este siglo. El psiquiatra suizo, Carl Gustav Jung trató exitosamente a muchos de sus pacientes por medio de una técnica similar a la que él llamó «imaginación activa».

Otro método parecido tiene sus orígenes en Alemania a raíz de las investigaciones del fisiólogo Oskar Vogt. Más tarde el psiquiatra J. H. Schultz combinó los estudios de Vogt con técnicas similares a las de yoga, creando así lo que se ha venido a conocer con el nombre de «entrenamiento autógeno». Este método consiste en dirigir el paciente a que mentalmente repita sugestiones de pesadez o de calor en las extremidades y otras partes del cuerpo con el propósito de lograr la reacción de relajación.

En el año 1938 el Dr. Edmund Jacobson publicó su método de la relajación muscular progresiva para el tratamiento de la ansiedad y otros trastornos. Al paciente se le enseña a relajar un grupo de músculos luego de una breve contracción. Eventualmente el paciente aprende a relajar todos sus músculos sin pasar por la etapa de contracción muscular.

El biofeedback es una técnica más moderna la cual consiste en enseñarle a los pacientes como controlar las funciones automáticas del cuerpo con la ayuda de instrumentos de uso clínico. La efectividad de la biorretroalimentación o sea el biofeedback ha sido bien documentada en casos de alivio de dolores crónicos en pacientes cancerosos así como también en programas de rehabilitación de personas con deficiencias neurológicas. El biofeedback requiere de instrumentos, a veces muy complicados y costosos. En cambio en yoga, las únicas herramientas necesarias son el propio cuerpo y la mente.

Los doctores Herbert Benson y R. K. Wallace han demostrado los efectos fisiológicos de la relajación, en sus investigaciones llevadas a cabo en los laboratorios de la escuela de medicina de Harvard y del hospital Beth Israel de Boston. Los efectos de la reacción de relajación consisten en: reducción del consumo de oxígeno, reducción del metabolismo basal, reducción del ácido láctico en la sangre, disminución de los latidos del corazón, reducción de la presión arterial, disminución de la tensión muscular, aumento de la resistencia eléctrica de la piel y un aumento de la actividad de las ondas alfa del cerebro. Los estudios de Benson y Wallace demuestran que la relajación y la meditación son métodos eficaces en el tratamiento a largo plazo de la presión arterial, en el tratamiento del insomnio y las adicciones al alcohol, tabaco y drogas.

El Valor Terapéutico de la disciplina física

Se sabe que la actividad física sostenida regularmente promueve la buena salud. Las evidencias clínicas sugieren que treinta minutos de ejercicios de intensidad moderada es el requerimiento mínimo para derivar beneficios apreciables.

El ejercicio físico estimula la circulación de la sangre, fortalece los músculos, flexibiliza las articulaciones, previene la obesidad, estimula los mecanismos inmunológicos y disminuye el riesgo a contraer diabetes.

Otro aspecto importante del ejercicio, es la reducción del riesgo a la arteriosclerosis. Los niveles sanguíneos de las lipoproteínas de alta densidad (HDL) o «colesterol bueno» aumenta en respuesta al ejercicio. Este es el vehículo, por decirlo así, que transporta el colesterol de baja densidad (LDL) o «colesterol malo» para su eliminación, previniendo la deposición de colesterol y por tanto la arteriosclerosis.

Para que una persona pueda lograr una reducción significativa del riesgo a la arterisclerosis, se necesita «quemar» por lo menos 200 calorías diarias. La gimnasia yoga es más bien una forma suave de ejercicios que produce sus beneficios en virtud de los estiramientos y por dirigir el control consciente de la energía mental hacia zonas específicas del cuerpo. Sin embargo, en el repertorio de hatha yoga tenemos series de ejercicios como *surya namaskar*, los cuales son adecuados para un gasto calórico elevado. Por lo menos cinco minutos de saludos al Sol complementados con otros movimientos repetidos, como la serie *pawán mukta*, practicados de una manera moderadamente rápida, son suficientes para lograr la meta de las 200 calorías.

El Dr. Dean Ornish ha demostrado que es posible revertir la enfermedad cardíaca coronaria, simplemente cambiando el estilo de vida. Su programa consiste en dejar de fumar, una dieta vegetariana, ejercicios yoga, relajación y meditación. Este programa ha sido implementado en algunos hospitales de EUA y es el primer programa de terapéutica alternativa que es reembolsado por la industria de los seguros médicos.

Los análisis estadísticos también revelan que el ejercicio físico reduce el riesgo al cáncer del cólon, la osteoporosis, la hipertensión y las depresiones.

El ejercicio físico es muy importante durante el período de gestación. Las mujeres que practican ejercicios regularmente tienen un mejor trabajo de parto y con menos complicaciones.

La relajación y la respiración controlada representan una gran ayuda para el parto. El *praanayaam*, el masaje y la relajación son las bases del método de Lamaze utilizado por los obstetras. Los ejercicios de Kegel para fortificar los músculos perineales son similares al *aswini mudraa*. Muchas de las *áasanas* son adecuadas para fortalecer los músculos abdominales, para aliviar los dolores de espalda y para ensanchar el canal del parto lo que facilita el nacimiento de la criatura. Es importante que la embarazada practique bajo la dirección de alguien con las calificaciones necesarias para la instrucción y con la debida autorización del obstetra.

El hatha yoga es un sistema de ejercicios simples pero a la vez muy eficaces y beneficiosos tanto para los sanos como los enfermos y para todas las edades.

Bibliografia

Alter, Judy, *Stretch and strengthen*, Houghton Mifflin, Boston, 1986.

Anderson, Bob, *Stretching*, Shelter , Bolinas, 1980.

Benson, Herbert, *The relaxation response*, Avon, Nueva York 1986.

Brena, Steven F., *Yoga and medicine*, Penguin, Nueva York, 1975.

Coxhead, Nona, *Los poderes de la mente*, Martínez Roca, Barcelona, 1980.

Gray, Henry, *Anatomy, descriptive and surgica*l, Bounty, Nueva York, 1977.

Guyton, Arthur, c., *Textbook of medical physiology*, W. B. Saunders, Filadelfia, 1986.

Johnson, Robert V., *Mayo Clinic complete book of pregnancy and baby's first year*, William Morrow., Nueva York, 1994.

Alvarez Lopez, Jose, *El hatha yoga y la ciencia moderna*, Kier, Buenos Aires, 1983.

Daniels, Lucille, Marian Williams, Catherine Worthingham, *Muscle testing: techniques of manual examination*, 2a ed., W. B. Saunders, Filadelfia, 1969.

Om the bhagavadgita or the song divine, 29th ed., Govind Bhavan Karyalaya, Gorakpur.

Ornish, Dean, *Dr. Dean Ornish's program for reversing heart disease*, Ballantine, Nueva York 1991.

Puliti, Atilio Raul, *El manejo del estrés*, Kier, Buenos Aires, 1988.

Shakti, Ma Yoga, *Adhyatma sandesh: a spiritual message*, Yogashakti Mission, Florida, 1991.

—- T*he seven invisible psychic lotuses*, Yogashakti Mission, Bombay.

—- *Simplified yogasanas & Pranayams.*

—- *Yoga syzygy*, U.S.A., 1984.

—- *Techniques of meditation to enhance mind power*, Ma Yoga Shakti International Mission, Nueva York, 1994.

The hatha yoga pradipika, (trad. ing. Pancham Sinh), 4th ed., Munshiram Manoharlal, Nueva Delhi, 1992.

The siva samhita, (trad. ing. Rai Bahadur Srisa Chandra Vasu), Sri Satguru, Delhi.

Oración Universal

Asató maa sadgamayá
Támaso maa jyotirgamayá
Mrityorma amritamgamayá
Sarveshaam swastibhavatú
Sarveshaam shantibhavatú
Sarveshaam Purnambhavatú
Sarvesham mangalambhavatú
Lokah samastáh sukhinó bhavantú
Sarve bhavantu sukhinajá
Sarve santu niraamaayajá
Sarve bhadrani pashyantú
Ma kashchid dukkha maapnuyaat

Condúceme de lo irreal a la realidad
De la ignorancia a la iluminación
De la muerte a la inmortalidad
Que la prosperidad sea para todos
Deja que predomine la paz
Que todos logremos lo bueno
Que toda la humanidad sea feliz
Líbranos de las enfermedades
Que todos logremos bienaventuranzas.

El Mantra Maha-mrityunjaya

Aum trayambhakam yayamajé
Sugandhim pushti vardhanam
Urvaarukamivá bandhanaam
Mrityor mukshiya maamritat
Aum shantiji shantiji shantiji

El Mantra de la Salud

Con esta oración rindo tributo al señor de la trinidad. Que su divina gracia aparte de mi el sufrimiento al igual que la fruta madura se separa de la planta. Permite que mi alma sea fijada en la inmortalidad.

Om paz, paz, paz.

El Mantra Gayatri

Om bhur bhuváh swajá
Om tat savitur varenyam
Bhargo devasya dhimají
Dhiio yo nah prachodayáat
Aum shantiji shantiji shantiji

Meditemos en la gloria de Dios
creador del sol divino
Que su luz celestial ilumine
el flujo de ideas en nuestro pensamiento.

Om paz, paz, paz.

Cupón de Pedidos

Deseo recibir_____volúmenes del libro *Yoga Para la Salud Física y Mental* por tan solo $14.95 más $3.95 para franqueo postal y empaquetamiento. (Residentes del estado de New York deben añadir $1.23 de impuesto de venta). Las órdenes remitidas desde el extranjero deben acompañarse de un giro postal en dólares. Conceda 30 días de espera para la entrega.

Nombre____

Dirección______________________________________

Ciudad____

Estado____________________Zona Postal__________

Haga el cheque o giro postal pagadero a *Yogashakti Publications* y envíelo a:

Yogashakti Publications
114-41 Lefferts Blvd.
S. Ozone Park, NY 11420